D1665648

Edition moderne koreanische Autoren
Herausgegeben von Chong Heyong und Günther Butkus

LEE Seung-U

Vermutungen
über das Labyrinth

Erzählungen

Übersetzt von Kai Köhler
und LEE Kyung-Boon

Mit einem Nachwort
von Kai Köhler

PENDRAGON

Die Übersetzung und Veröffentlichung wurde
von der Daesan-Stiftung gefördert

Unsere Bücher im Internet:
www.korea-literatur.de
www.pendragon.de

Deutsche Erstausgabe
Veröffentlicht im Pendragon Verlag
Günther Butkus, Bielefeld 2005
© by LEE Sung-U 2005
© für die deutsche Ausgabe
by Pendragon Verlag Bielefeld 2005
Alle Rechte vorbehalten
Lektorat: Martine Legrand-Stork
Umschlag: Michael Baltus unter Verwendung
eines Fotos von Martin Sasse
Satz: Pendragon Verlag auf Macintosh
Gesetzt aus der Adobe Garamond
ISBN 3-86532-012-0
Printed in Germany

Inhalt

Ich werde sehr lange leben

1

Ich werde nur noch ein Jahr leben. Es mag zwar sein, dass das nicht stimmt, aber vielleicht stimmt es doch. Manchen Leuten hat der Arzt nur sechs Monate gegeben, sie haben aber noch fünf Jahre gelebt. Andere erfahren dagegen im Krankenhaus, dass ihre fünf Organe und sechs Körperteile völlig gesund sind, und dann werden sie vorm Ausgang der Klinik von einem Auto überfahren. (Solche Fälle kenne ich aus meinem Bekanntenkreis. Die älteste Schwester meiner Frau lebt jetzt schon fünf Jahre länger, als man ihr vorhergesagt hatte, der Vater eines Kommilitonen starb durch einen Unfall vorm Krankenhaus.) Man stirbt nicht allein durch Krankheit, nicht allein durch Unfälle. Auch Gesundheit muss kein langes Leben bedeuten. Nichts ist gewiss. Man kann ja doch nichts vorhersagen. Die Welt erlaubt keine Gewissheit. Aber dass man irgendwann stirbt, das ist gewiss. Das kann auf der Stelle passieren oder nach zehn Monaten oder nach fünfzig Jahren ... Aber vielleicht stimmt es, dass ich nur noch ein Jahr leben werde. Das reicht auch. Es mag zwar sein, dass es nicht stimmt, aber vielleicht stimmt es doch.

2

Erst wollte er keinen Sarg bauen. Sogar bis zuletzt war das nicht seine Absicht. Zwar steht jetzt ein Sarg in seinem Zimmer, hundertfünfundsiebzig Zentimeter lang. Doch das war wohl nicht sein Ziel, als er das Werkzeug in die Hand nahm. Das könnte beweisen, dass in einer Schicht seines Bewusstseins bereits ein Bild des Sargs vorlag. Aber er hat dazu nichts zu sagen; es mag nicht so sein, vielleicht aber doch.

Die Bretter, bei einer Schreinerei bestellt, sind nach einer Woche angekommen. Elektrische Säge, Hammer, Hobel und Lack waren be-

reits im Keller vorhanden. Er hatte, als er einen Monat zuvor eine
einwöchige Einführung in die Tischlerei besucht hatte, die Werkzeuge besorgt.

Im Kurs hatte er gelernt, wie man sägt und wie man Nägel ein-
schlägt, die Bretter verzapft und sie blank poliert. Was er erfuhr, war
aufs Wesentliche reduziert und oberflächlich. Dennoch konnte er
zwei Stühle, einen Tisch, drei Blumenständer und einen Küchentisch
herstellen. Vielleicht hatte er noch nie eine solche Konzentration
empfunden wie jetzt beim Einschlagen eines Nagels, beim Sägen,
Hobeln, oder wenn er das fertige Produkt lackierte; zumindest schon
sehr lange nicht mehr. Er genoss es, wenn die Bretter unter seinen
Händen nach und nach ihre Gestalt annahmen. Früher, so schien es
ihm, hatte er niemals etwas getan, was nur er wollte, sich nie auf etwas
konzentriert. In dieser Hinsicht war es vielleicht ein Glück, dass er diesen Kurs besuchte.

Er strich mit seiner Hand über die bestellten Bretter und stellte sich
die Gestalt vor, die seine Hände entstehen lassen würden. Sein Herz
schlug, und sein Atem ging schneller. Aber in diesem Moment zeich-
nete sich noch keine bestimmte Gestalt in seinem Kopf ab. Ja, eigentlich stellte er sich gar nichts vor, sondern erwartete nur etwas. Was für
eine Gestalt entsteht, weiß auch der Schöpfer erst, wenn er seine
Schöpfung beendet hat. Im Mutterleib wächst das Baby zehn Monate
lang, wird von ihm ernährt, und doch weiß die Mutter vor der Geburt
nicht, wie das Kind aussehen wird. Man kann sich etwas vorstellen,
aber man kann sich nicht sicher sein. Ist nicht alle Schöpfung so? Die
Stunden des Wachsens, wenn die Gestalt sich formt, sind glücklich.
Alle Schöpfer werden Schöpfer, weil sie sich gern etwas vorstellen oder
sich auf die Gestalt als Ergebnis ihrer Tätigkeit freuen. Für Gott war
die Schöpfung am Anfang vielleicht eine Art Unterhaltung. War ihm
ein wenig langweilig, oder brauchte er zum ersten Mal in seinem Leben etwas, auf das er sich konzentrieren konnte, wie der Mann mit
den Brettern? Hatte auch Gott nur ein Jahr zu leben gehabt? Es kann
sein, dass es nicht so war, aber wer weiß?

Er schnitt zwei Bretter auf gleiche Breite zu. Eine Weile schaute er auf sie herunter, mit einem Blick, als ob er erwartete, dass die Bretter sich von selbst gestalten würden, dass, wie ein altgriechischer Philosoph glaubte, die eigentliche, im Baum bereits vorhandene Gestalt von selbst entstehen würde. Sollte der Baum, der vor drei Jahren im Osten Amerikas gefällt, vor einem Jahr nach Korea und heute zu einem Mann Anfang fünfzig gebracht wurde, der glaubte, er habe nur noch ein Jahr zu leben, sollte dieser Baum die Gestalt eines Tisches in sich tragen, dann konnte er sich in nichts anderes als in einen Tisch verwandeln. Aber es blieb unklar, ob die Bretter einen Tisch in sich enthielten. Wenn es so war, dann konnte man nichts machen. Aber es schien ihm nicht so. Er hatte sich keinen Tisch gewünscht, aber auch nichts anderes. Ihm war lediglich etwas langweilig, wie Gott am Anfang, und deshalb brauchte er zum ersten Mal in seinem Leben etwas, auf das er sich konzentrieren konnte. Er hatte nur noch ein Jahr zu leben, wie wohl auch Gott.

Die zwei Bretter fügte er in der Form des Buchstabens ⌐ zusammen. Sie wurden zu einem ∟, als er sie umdrehte. Flüchtig überlegte er, an die vier Ecken vier Stuhlbeine anzubringen, so würde eine Bank entstehen. Aber dieser Gedanke blieb nicht, denn er war nicht konkret genug. Zwei andere Bretter verband er zu einer ∟-Form. Sie wurden zu einer ⌐-Form, als er sie wieder drehte. Statt Nägel einzuschlagen, verzapfte er die Stellen, an denen er die Bretter zusammenfügte. Es war eine schwierige Arbeit, und so musste er sich sehr konzentrieren. Beim Hobeln gab es für ihn nur das Hobeln, beim Bohren nur das Bohren. Im Reich der Konzentration werden die Teile das Ganze. Auf seiner Stirn bildete sich Schweiß und tropfte auf die Oberfläche der bereits glatt gehobelten wie auch der noch rauen Holzstücke. Den früheren, noch ungenauen Gedanken führte er nun aus: Er brachte vier Stuhlbeine unter das ∟ an und befestigte in der Mitte, um die Stabilität zu sichern, zwei weitere. So ähnelte es einer langen Bank, wie sie häufig in Bahnhöfen oder in Parks stehen. Während er überlegte, ob diese Gestalt in dem Baum aus dem Osten Amerikas verborgen gewesen war, setzte er sich auf die Bank. Kurz darauf meinte er, dies könne nicht die wahre Gestalt sein, und stand sofort wieder auf. Lange starrte er auf die beiden anderen, in ∟-Form verbundenen Bretter, als ob er die eventuell darin verborgene eigentliche Gestalt herbeirufen könnte. Schließlich legte er die Bretter in Form des ⌐ auf diejenigen, die wie eine Bank aussahen, mit einer Geste, als wolle er jetzt diesen Gehalt hervorrufen. Die Ecken passten genau aufeinander. Er schlug dicke Nägel in sie ein. So entstand ein Quader, dem zwei Seiten fehlten – aber wenn zwei Seiten fehlten, handelte es sich überhaupt um einen Quader? Sollte man es nicht besser als Vierflächen-Quader bezeichnen, falls es so etwas gibt? So sah es aus, mit sechs Beinen, und weckte Assoziationen an einen viereckigen Tunnel: War das die Ursprungsform, an die das amerikanische Holz sich erinnerte? Vielleicht war es nicht so, aber möglich war's. Nachdem er Länge und Breite der offenen Seiten gemessen hatte, schnitt er das Holz zu. Er nahm das Quadrat und schloss eine der offenen Seiten. Jetzt, wo ein Ausgang versperrt war, war endlich klar, wo innen und wo außen war.

Er wischte sich den Schweiß ab. Freilich hatte er dabei nicht das Gefühl, fertig geworden zu sein. Da er anfangs kein bestimmtes Ziel gehabt hatte, fühlte er jetzt keineswegs jene Erfüllung, die die Vollendung eines Produkts hätte hervorrufen können. Hätte es weiterhin Licht im Keller gegeben, hätte er es nicht in seinem Zimmer fertig gestellt. Stromausfälle gab es öfter im Keller. Meistens wurden sie aber rasch behoben, so dass er nur kurze Zeit warten musste. An jenem Tag war es anders. Im Dunkeln hockend wartete er auf das Licht, das jedoch nicht wieder anging. Es blieb ihm nichts anderes übrig, als den Quader mit der offenen Seite, den fünfseitigen Quader, sollte es so etwas geben, auf sein Zimmer zu transportieren. Da der Holzbehälter ziemlich schwer war, musste er drei Pausen einlegen, bis er ihn vom Keller in sein Zimmer im ersten Stock getragen hatte. Stufe für Stufe setzte er erst den einen Fuß hoch, zog dann den zweiten nach. So kam dieses Ding in sein Zimmer.

3

War es gut, zu dem Kurs gegangen zu sein, oder nicht? Anfangs hielt er es für gut, weil die Entscheidung seiner Familie entgegenkam und sie freute. Der Frau und der Tochter ging es vor allem darum, dass er überhaupt an irgendetwas Interesse zeigte. Sie hätten sich wohl sogar darüber gefreut, wenn er eine Minderjährige verführt hätte. Vor allem wünschten sie, er möge die Zimmertür, die er hinter sich versperrte, endlich öffnen und hinausgehen, egal wohin. Irgendwann begannen sie, argwöhnisch seine Stimmung zu beobachten. Sie taten das, obwohl er sich weder aggressiv noch exzentrisch verhielt – wie zumindest er meinte.

Es war die Tochter, die ihn auf den Kurs hinwies. Sunyoung, eine Frau von dreißig Jahren, arbeitete für eine Monatszeitschrift, die sie ihrem Vater drei oder vier Tage vor jedem Monatsanfang brachte. Diese Zeitschrift, die der „Kultur im Leben" gewidmet war, bot Lesenswertes aus unterschiedlichen Bereichen. Zwei Jahre zuvor war die Zeitschrift gegründet worden, und man hatte Sunyoung direkt nach ihrem Studium engagiert. Nun war sie als Veteranin von einer regelmäßigen Mitarbeiterin zur Redakteurin aufgerückt. Der Hinweis auf den Kurs war nur einer von vielen in der Zeitschrift: Der ehrenwerte Herr Kimsun mit dem Künstlernamen Daemok, „Großer Baum", der sein Leben lang mit Hobel und Säge Häuser gebaut habe, werde eine Handwerker-Schule eröffnen. Dazu hätten ihn mehrere Personen aus dem Kulturbereich aufgefordert, unter anderem einige Architekten. Zu den Leuten, die den Herrn Kimsun verehrten und ihm beistanden, gehörten auch ein berühmter Architekt und ein ebenso berühmter Filmregisseur. Der Regisseur, der Ende vierzig war und sogar einen Preis bei irgendeinem internationalen Filmfestival bekommen hatte, habe zu aller Überraschung angekündigt, er wolle Zimmermann werden, sobald er fünfundfünfzig Jahre alt werde. Der Architekt, etwa Mitte fünfzig, der die bekanntesten Monumente Koreas gebaut hatte, habe in einer feierlichen Rede die Einrichtung dieser traditionellen Schule als zwar etwas spät bezeichnet, verglichen mit solchen im Ausland, sie aber dennoch begrüßt. In der Zeitschrift wurde auch das Lehrangebot der Schule ausführlich vorgestellt: Neben sechs- und zwölfmonatigen Kursen für zukünftige Spezialisten gab es ein-, zwei- und vierwöchige Schnellkurse für Laien.

Schien es der Tochter, dass ihr Vater sich durch diesen Bericht angesprochen fühlte? „Es klingt interessant, nicht wahr? Möchten Sie Tische oder Stühle aus Holz bauen können?" Ihre Fröhlichkeit klang aufgesetzt, während sie ihm näher rückte. Sie versuchte, ihren Vater zu verstehen, und er verstand es. Sich selbst sagte sie, dass es vielleicht seine Schlaflosigkeit bessern würde, wenn er sich auf etwas konzentrierte. Auch der Arzt meinte dies. Zustimmend nickte er ihr zu, weil er begriffen hatte, dass sie es nicht ertrug, wie er sich einsperrte: „Ja, schon möglich." Zwar klang seine Stimme nicht sicher. Doch während er sprach, schien es ihm möglich, wirklich ein Bedürfnis nach Sägen und Hobeln zu verspüren. Wer weiß also, ob die Tochter, eine erfahrene Journalistin, nicht wirklich einen Wunsch wahrnahm, der sich heimlich in die Innenseite seiner Stimme geschlichen hatte!

Gleich am nächsten Tag meldete sie ihn in der Schule an. Als sie ihm den Meldeschein übergab, forderte sie ihn mit gewollt heller Stimme auf: „Könnten Sie mir einen hübschen runden Stuhl bauen, Vater?" Er verstand sie. Da er sie verstand und sie, mit ihrer gewollt hellen Stimme, die nur ihre Bedrückung verbergen sollte, verstehen musste, wurde er Schüler im einwöchigen Schnellkurs.

Auch das Gesicht der Frau hellte sich deshalb auf. Das war verständlich, denn schon seit mehr als fünf Monaten saß er im Haus herum. Es schien, als bedrückte sie dieser Zustand mehr als ihn selbst. Besorgt, er könnte seine Meinung wieder ändern, fragte sie ihn mit unüberhörbarem Eifer, was er brauche, kaufte schnell die benötigten Werkzeuge und räumte den Keller auf, der sich seit mehreren Jahren mit allerlei Gerümpel gefüllt hatte und von niemandem benutzt wurde. Sie sagte ihm, er könne den Keller als Werkstatt einrichten, und behandelte ihn dabei, als ob er ein großer Meister sei. Dass dem nicht

12

so war, wusste er allerdings genauso gut wie sie. Dennoch empfanden weder sie noch er Befangenheit. War sie dafür zu aufgeregt, so waren seine Gefühle schon verwüstet.

4

Ob es die Frau und die Tochter auch jetzt noch freut, dass er den Kurs besucht und das Werken gelernt hat? Es scheint nicht so. Anders als am Anfang wirkt weder die Frau noch die Tochter fröhlich. Sie versuchen auch nicht mehr, aufgesetzt zu lachen. Mittlerweile wollen sie auch nicht mehr in sein Zimmer kommen. Es ist wegen dieses Quaderwerks – nein: wegen des fünfseitigen Quaders – wenn es so etwas gibt. Er isoliert sich und sperrt sich noch mehr ein als früher.

5

Er konnte nachts nicht gut schlafen. Er wusste nicht genau seit wann, jedenfalls war es schon ziemlich lange so und wurde immer schlimmer. Der Arzt führte dies auf die plötzliche Änderung der Lebenssituation zurück oder auf Stress. Gut möglich. Seine Firma war bankrott gegangen, und als er die Demütigung erleben musste, wie junge Gewerkschaftler, die seine Söhne hätten sein können, ihn zu einem Kniefall zwangen, sah er schon damals sein Leben als abgeschlossen. Er hatte nicht vorausgesehen, dass sein Versuch, durch gewagt eingesetztes In- und Auslandskapital das internationale Geschäft seiner Firma zu erweitern, zum Konkurs führen würde. Als dann die IWF-Krise sichtbar wurde und man überall im Lande Stellen abbauen musste, entpuppte sich seine Firma als überschuldet. Die riskanten Investitionen im Ausland wurden nun als Mittel interpretiert, sein Kapital in Sicherheit zu bringen. Mit dem Vorschlag, Tochterfirmen zu verkaufen und Stellen abzubauen, wollte er die schwierige Situation überwinden, hatte aber damit keinen Erfolg. Der Verkauf der Tochterfirmen zog sich ohne eindeutiges Ergebnis lange hin, und der Stellenabbau stieß auf den Protest der Gewerkschaftler. In ihren Augen war er ein gewissenloser Unternehmer, dessen Unfähigkeit die Firma ruinierte.

Als er zum Hauptquartier der Gewerkschaftler kam, die seine Firma besetzt hielten, wurde er mit Eiern beworfen, seine Kleidung wurde zerrissen, und er wurde zum Kniefall gezwungen. Das war für ihn die erste Demütigung und Erniedrigung. Aber es kam noch schlimmer, denn am gleichen Tag entschieden Regierung und die Gläubiger, ihn fallen zu lassen. So wurde er von einem Tag auf den anderen seiner Firma beraubt und mittellos.

Er hätte nie gedacht, dass sein gutes Leben so enden würde, dass er nachts von emporsteigendem Ärger aufwachen, mit seinen Händen an die Wand schlagen, sich betrinken und schreien würde. Solch eine Schlaflosigkeit! Sonst hatte er besser geschlafen als die meisten anderen. Er war gesünder als die anderen gewesen, Stolz und Selbstbewusstsein hatten ihn ausgezeichnet. Hatte er nicht gedacht, Schlaflosigkeit sei nichts als eine Rechtfertigung fauler Menschen, nichts als eine Ausrede des Abschaums, der sich nicht an die Wirklichkeit anpasst und anzupassen vermag? Nun litt er selbst unter Schlaflosigkeit. Unter seiner Schlaflosigkeit litt auch seine Familie. Wenn Wut von unten aufstieg, ihn überwältigte, er laut seltsame Schreie ausstieß, trampelte und fest an die Wand schlug, konnten die Frau und die Tochter ebenfalls nicht schlafen. „Scheißkerl", schimpften die blutjungen Gewerkschaftler, sogar jünger als Söhne, und sie schlugen ihm auf den Kopf. „Auf die Knie, auf die Knie, Dreckskerl." Sie stießen ihn mit Gewalt in die Knie. Jemand hatte ihn angespuckt.

Jede Nacht stand ihm der Tag der Demütigung vor Augen, so lebendig, als ob nur ein paar Stunden vergangen wären. Er konnte nichts dagegen tun, die Erinnerung kam von selbst, obwohl er sich bemühte, sie zurückzudrängen. Sein Gesicht rötete sich, sein Herz klopfte schneller. Die Frau und die Tochter waren besorgt, er könnte zusammenbrechen, wenn es so weiter ginge. „Beruhigen Sie sich, bitte.

Sie können es doch jetzt sowieso nicht mehr ändern. Am wichtigsten ist Ihre Gesundheit, wenn Sie wieder neu anfangen wollen."
Die Frau war beinahe am Weinen. Sie und die Tochter befürchteten sehr, sein Zustand könnte zu einer psychischen Krankheit führen, und versuchten möglichst, ihn nicht zu reizen. Es war dann die Frau, die zum Psychologen ging und sich von ihm beraten ließ. Aber es war leeres Gerede, was der Berater sagte: Das Symptom sei auf die abrupte Umstellung und Stress zurückzuführen. Für ihn war alles völlig bedeutungslos.

6

Ob ich nicht reisen wolle, fragte mich Sunyoung. Sie hatte die Schande ihres Vaters gesehen. Es war an jenem Tag, als sie mich zum Mittagessen in die Stadt einlud. Obwohl ich die Einladung zunächst ablehnte, redete sie mir immer weiter zu. Mir wäre es lieber gewesen, wenn sie sich nicht um mich gekümmert hätte, aber schließlich konnte ich nicht mehr hart bleiben, denn es tat mir weh zu sehen, wie sie sich so viele Sorgen um mich machte. So kam es, dass ich zu einem Café in einem Hotel ging.

Als ich eintrat, und noch bevor ich einen Platz ausgesucht hatte, sah ich einen Mann, der mit einem anderen gegenüber am Fenster saß und seinen Kopf auf auffallende Weise abwendete. Nur deshalb erkannte ich ihn, obwohl ich nicht in der Lage war, mich für andere zu interessieren. Er war ein Manager der Bank, mit der ich früher geschäftlich lange zu tun gehabt hatte. Besonders kontaktfreudig, hatte er mich mit „großer Bruder" angeredet, nur weil er in einem Ort in der Nähe meines Elternhauses aufgewachsen war. Er bat mich nicht nur darum, das Konto meiner Firma bei seiner Bank einzurichten, sondern auch um einen Job für seinen Neffen, der nur eine Provinzuniversität absolviert hatte. Häufig tat ich ihm ein Gefallen, und er vergaß nie, sich zu bedanken. So tranken wir ein paar Mal zusammen. Ich konnte es nicht verkraften, dass er, gerade er, sich von mir abwandte, und starrte unbewegt auf ihn, nachdem ich einen Platz gefunden hatte. Er unterhielt sich weiter mit dem anderen, sein Gesicht halb seitwärts gedreht in einer unnatürlichen Haltung. Doch warf er ab und zu schiefe Blicke zu meinem Tisch. Es schien, als ob er wissen wollte, ob ich noch da war. Sollte diese Vermutung stimmen, musste er mich erkannt haben. Einmal glaubte ich sogar, unsere Blick hätten sich getroffen, aber er ignorierte es. Was soll das, wenn er mich kennt und weiß, wer ich bin! Er ist es doch, der mich höflich mit „großer Bruder" angesprochen hat, obwohl ich es nicht mag und es auch gar nicht nötig war. Da spürte ich, wie mir vor Ärger Wärme den Rücken emporstieg. Was konnte ich ihm jetzt antun? Ob ich ihn ansprechen sollte: Sind Sie nicht Herr Gang, der Abteilungsleiter? Oder ob ich ihn ebenfalls ignorieren sollte? Aber er war derjenige, der sich zuerst bewegte. Nachdem er seine Unterhaltung beendet hatte, stand er auf, wählte aber nicht den kürzeren Weg zur Kasse, der an meinem Tisch vorbeiführte, sondern einen Umweg.

In diesem Moment steigerte sich die Wärme in meinem Rücken bis zur Hitze, explodierte wie ein Feuerwerk, das in unzähligen kleinen Funken auseinanderzischt. „He, Herr Gang", schrie ich laut, während ich, den Stuhl zurückstoßend, gewaltsam aufsprang. Die Leute im Café drehten sich um und schauten mich an, nur Herr Gang wandte den Kopf nicht zu mir. Als ob er nicht gehört hätte, dass jemand seinen Namen gerufen hatte! Oder als ob er nicht Herr Gang wäre. Auch wenn er einfach so aus dem Café fliehen wollte: Er hatte keine Chance, schon ergriff meine Hand sein Genick. „Was ist, Gang, sind dir die Augen rausgefallen?" Mein Mund spuckte wilde Worte aus, meine Faust schlug sein Gesicht. „He, was soll das?" protestierte er angesichts des plötzlichen Angriffs energisch, während er mit einer Hand seine geschlagenen Lippen rieb. Mit der anderen Hand versuchte er sich von meiner zu befreien, die sein Genick festhielt. Aber er war kein Gegner für mich, weder in Hinsicht auf meine körperliche Kraft noch auf die Stärke meines Wutanfalls. „Ungebildet" war sein letztes Wort. In Wirklichkeit konnte er dieses Wort auch nicht zu Ende sprechen. Schon rammte ich ihm meinen Kopf in die Stirn. Anscheinend bekam er einen Schock, jedenfalls schritt er schwankend rückwärts und fiel um. Ich schrie: „Wie kannst du mir so was antun? Ich bin noch nicht tot! Mistkerl!" Wären die Hotelpförtner nicht gekommen, ich hätte sein Gesicht mit meinen Schuhen zerquetscht. Am liebsten hätte ich ihm alle Zähne herausgetreten, mir doch egal.

Nein, nein. Es lag nicht an den Hotelpförtnern, dass ich sein Gesicht nicht zerdrückt habe. Sunyoung stand unbemerkt hinter den mich zurückhaltenden Leuten und war den Tränen nah. Als ich sie sah, schloss sich mein Mund, erstarrte mein Körper. Der Wutanfall, der meinen Rücken emporgestiegen und wie ein Feuerwerk explodiert war, schien auf einmal wie verschwunden. Nun lief es mir kalt vor Demut über den Rücken. Sunyoung stützte mich, nachdem sie schnell ihr verweintes Gesicht verborgen hatte. „Vater ..." Ich kann ihre unendlich matte Stimme nicht vergessen, die mühsam ihr Elend zu verschlucken versuchte. Ich wollte mich rechtfertigen, oder dachte, es tun zu müssen, aber mein geschlossener Mund wollte sich nicht bewegen. Es tut mir leid, es tut mir leid, sprach ich unzählige Male zu mir, doch kein Wort kam heraus.

Sie schlug unerwartet vor, als wir ohne Mittagessen mit dem Taxi nach Hause fuhren: „Sie scheinen erschöpft zu sein. Möchten Sie nicht irgendwohin reisen?"

7

Er hielt sich nicht für so erschöpft, dass er sich durch eine Reise hätte erholen müssen. Nein, mochte auch Sunyoung vielleicht an die Reise glauben, er glaubte nicht daran, dass sie ihm helfen könnte. Nichts erwartete er von einer Reise. Nach den Erfahrungen, die er früher bei Geschäftsreisen gemacht hatte, ermüdete er im Gegenteil körperlich und geistig nur noch mehr. Dennoch entschied er, ihrem Rat zu folgen. Es war ihm klar, dass sein beschämendes Verhalten im Hotelcafé sie enttäuscht hatte. Dies schmerzte ihn. So wurde er immer ohnmächtiger, und um so schlimmer wurde seine Schlaflosigkeit. Als Sunyoung zwei Tickets für eine Gruppenreise mitbrachte und ihn aufforderte, er solle mit der Mutter verreisen, da konnte er nicht ablehnen. Er spürte, wie die Tochter beunruhigt gewesen wäre, ihn alleine auf eine Gruppenreise zu schicken.

Er hatte nichts von der viertägigen Reise erwartet, und tatsächlich war ihr Verlauf, der erst die Ostküste entlang bis zum südlichen Meer und dann durchs Binnenland zum Ausgangspunkt zurückführen sollte, zunächst so todlangweilig, wie er es sich vorgestellt hatte. Es war ihm unerträglich, wie ungeschickt die älteren unter den Teilnehmern ihre Bergkleidung und Rucksäcke trugen, und bald hatte er von ihrer übertriebenen Geschwätzigkeit und ihrem lauten, hohen Geschrei und Gesang genug. Es gab allerdings auch einige Jüngere. Aber die meisten von ihnen wirkten wie Arbeitslose, Leute, die sich nicht beschäftigen konnten und sich hier und dort ratlos umschauten. Der heiße Wutanfall, der ihm immer wieder plötzlich den Rücken hochstieg, kam auch auf die Reise mit. Er konnte nicht schlafen. Er sprach kaum. Er übertrug gelegentlich seine Verärgerung auf die Frau, wenn sie ihm riet, sich mit den anderen Mitreisenden zu unterhalten, da sie offensichtlich spürte, wie sich die anderen allmählich von ihm distanzierten. Aber es war nicht so schlimm und nur genau so, wie er es sich vorgestellt hatte – bevor es geschah.

Am Nachmittag des dritten Tages stoppte der Reisebus vor einer kleinen Einsiedlerhütte am Ure-Berg. Der Reiseleiter sprach vor einem von Ginkobäumen gesäumten Weg, der zum Tempel führte und so schön war wie in einer Filmszene. Danach erzählte der Reiseleiter von einem anderen Weg, der hinter der Hütte anfing und auf dem man nach einem halbstündigen Gang den Berggipfel erreichen konnte, und fügte hinzu: wie phantastisch es sei, wenn man auf die bunten Bäume des herbstlichen Bergs hinuntersehe. Kaum hatte er seine Erläuterung beendet, liefen die Leute schon zum Ginkobaumweg. Die

Bäume waren völlig gelb gefärbt. Er blieb zuerst bewegungslos im Bus sitzen, wollte nicht aussteigen. Da ihn seine Frau aber fest am Arm zog und ihn zwang, mitzukommen, folgte er schließlich, wenn auch unfreiwillig. Er vermied die Richtung, in die die Mitreisenden gegangen waren, und schlug den anderen Weg zum Berg ein.

Der Weg war eng, jedoch von den vielen Fußtritten der Bergwanderer hart und geglättet. Dieser harte, glatte Weg gefiel ihm nicht, kam ihm frech und schamlos vor. So verließ er ihn und ging in den dichten Wald hinein, wo Kastanien und Tannen, Eichen und Ahornbäume eng beieinander standen. Der über mehrere Jahre hinweg von Blättern bedeckte Boden war weich, und es schien ihm, als ob er auf einem Teppich wanderte. Zweige stießen an seine Schultern, sein Fuß an Stümpfe umgestürzter Bäume, doch der Weg war gerade noch gangbar. Die Blätter waren gelb und rot gefärbt, die zuerst gefallenen fingen schon an zu trocknen. Aber bei all diesem empfand er kaum etwas. Für Sentimentalität gab es keinen Platz.

Doch warum war er allein in die Berge gegangen? Sein erstes Bedürfnis war sicher gewesen, die Mitreisenden zu vermeiden. Er war ihres endlosen Geredes überdrüssig, und ihr Geschrei im Bus konnte man sicher nicht als Gesang bezeichnen. Aber war das alles? Stieg nicht in dem Moment, in dem er den Bus verließ, der Drang auf, an einem unauffindbaren Ort zu verschwinden – wie später die Frau vorsichtig vermuten würde? Es lag nahe, dass in seinem tiefen Herzensinneren oder in dessen Ecken ein solcher Wunsch platziert war. Auf den in kurzen Abständen wiederkehrenden Wutanfall, auf die Demut und die tiefe Verzweiflung darüber, dass sein Leben bereits beendet sei, reagierte er damit, dass er sich in sein Zimmer einschloss. Er schloss sich in die Dunkelheit des Autismus ein. Aber sein Autismus, den er selbst herbeigeführt hatte, war ein eigenartiger seelischer Zustand, aus dem er jederzeit bereit war zu fliehen, wenn die Gelegenheit sich bot, einen Ausgang zu finden, der nicht in Innere der Wirklichkeit, sondern in ihr Äußeres führte. Der Wunsch, aus der Welt, in die Außenwelt zu verschwinden und sich an einem unauffindbaren

Ort zu verstecken, war todbringend: zugleich war es ein verborgener Traum des autistischen Menschen, ein Traum, der aber vorsichtig seiner Verwirklichung zustrebte. So konnte es jedenfalls sein. Die Frau hatte den Traum schon wahrgenommen, ohne dass sie hätte sagen können, seit wann. Wer konnte schon sagen, wann der Ausgang zur Außenwelt oder der Eingang zu deren Inneren sich öffnen würde? Weder die Welt noch er, sondern allein Gott im Himmel wusste es.

8

Als er eine Höhle entdeckt hatte, deren enger Eingang nur einen Menschen durchließ, blieb er einen Moment stehen, atmete aus, wischte sich den Schweiß von der Stirn, und dann ging er ohne Zögern hinein. War es der verborgene, tödliche Traum von der Außenwelt, der seinen Rücken hineinschob? Sein Schritt war sicher und natürlich, als ob er genau diese Höhle gesucht hätte. Da sein Traum fest in seinem Herzen verwurzelt war, schien ihm die Empfindung selbstverständlich, schien ihm sogar die Höhle zu winken: komm herein. Kaum dass er mit gebückter Haltung eingetreten war, überfiel die Dunkelheit sein Gesicht, als hätte sie auf ihn gewartet. Kurz zuckte er zusammen, aber als er bald darauf gerade stehen konnte, da die Höhle im Inneren über einen größeren Raum verfügte, atmete er seltsamerweise beruhigt aus, und ihm wurde wohl. Er schritt langsam in die Höhle, mit der Erwartung, dass seine Augen sich der Dunkelheit immer mehr anpassen würden. Sie erwies sich als tiefer, als er anfangs vermutet hatte, und als geschlängelt; ihr Boden war rutschig, nass und kalt. Als er weiterging, hörte er Wasser rieseln. Irgendwo mochte eine Quelle sein.

Noch etwas später verzweigte sich der Gang, und in der Mitte der Gabelung befand sich eine tiefe Grube, die genau Platz für einen liegenden Erwachsenen bot. Er tastete sich die Wand hinab bis in die

Grube. Wie ein Schutzdach lag über ihm Kalkstein, der seinen Körper abdeckte. Deshalb war ihm nicht kalt, obwohl er an die Wand gelehnt saß. Der Stein über seinem Kopf schien irgendwie, statt vor der Sonne, vor der Feuchtigkeit der Höhle zu schützen. Solange er gelaufen war, hatte er keine Erschöpfung verspürt, doch sobald er saß, kam es ihm vor, als würde sein Körper immer weiter sinken. Er fühlte sich müde und matt. Sein Körper schien sich in einzelne Teile aufzulösen. Er streckte seine Beine aus. Sie reichten bis an die gegenüberliegende Wand. Aber die Stellung schien ihm nicht perfekt. Er drehte sich auf die Seite und rollte sich wie eine Krabbe zusammen. Diese Haltung wirkte seltsam. Tagsüber an einem öffentlichen Ort hätte er sie nicht eingenommen. Aber er war hier allein, und nicht nur das, es war auch dunkel. Vor allem fühlte er sich wohl in dieser Haltung. Sobald er sich in der Dunkelheit zusammengerollt hatte, schien ihm seine Position endlich perfekt zu sein. Die unerwartet behagliche Lage beruhigte seine Nerven und erzeugte eine glückliche Müdigkeit. Nicht nur seine Haltung war eigenartig, sondern auch seine Stimmung. Dieses Wohlsein trat so plötzlich ein – er hatte das Gefühl, irgendwann schon einmal dort gewesen zu sein. Vielleicht in einer Vergangenheit, an die er sich nicht mehr erinnern konnte, oder im Traum. Wenn auch dies nicht der Fall war, was dann, was sollte es sonst sein? Diese Nähe, dieses perfekte Gefühl ... Seine Gedanken lockerten sich. So glitt er in den Schlaf, wie ein betäubter Kranker langsam zählend einschläft: eins, zwei, drei ...

9

Er schlief tief, ohne zu träumen. Seit langem hatte er nicht mehr so tief und so lange schlafen können.

Die Mitreisenden, die am dritten Tag von der Ostküste und dem Süd-Meer auf dem Weg Richtung Seoul waren, konnten die Einsiedelei des Ure-Bergs nicht verlassen. Ursprünglich hatten sie sich dort nur zwei Stunden aufhalten wollen. Dies hätte gereicht, bis zum Gipfel hinauf- und wieder hinabzusteigen. Die Herbstsonne geht schnell unter, besonders in den Bergen. Es war eigentlich geplant, vor Einbruch der Dunkelheit in eine benachbarte Stadt weiterzufahren. Dort wollten sie nach dem Abendessen eine Unterkunft für die letzte Nacht suchen und ihre Sachen auspacken. Aber sie konnten es nicht, sondern mussten lange, nachdem es schon dunkel wurde, im Bus verharren.

Zwar hatte die Frau dem Reiseleiter schon auf dem Weg nach oben Bescheid gesagt, da sie als Erste bemerkte, dass ihr Mann nirgends zu sehen war. Aber der Reiseleiter hatte das nicht allzu ernst genommen und gemeint: „Vielleicht ist er schon vor uns auf den Berg gestiegen, konnte wahrscheinlich den Anblick der bunt gefärbten Landschaft nicht abwarten." Ein Mitreisender unterstützte diese Vermutung und sagte, er habe ihn hinter der Einsiedelei hinaufgehen sehen. Die Frau blieb zwar besorgt, beruhigte sich jedoch damit, dass sie zu empfindlich geworden sei, und stieg mit den anderen auf den Berg. Als er dann auf dem Gipfel nicht zu sehen war, nahm man an, er habe allein die Landschaft genossen und sei schon hinabgestiegen. Diese Vermutung war nicht ganz abwegig – mehrere Leute hatten den anstrengenden Aufstieg abgebrochen und warteten bereits im Bus. „Na, haben Sie Ihren Liebsten nicht sowieso schon lang genug ertragen? Und da suchen Sie ihn so sehnsüchtig, nur weil er mal kurz abgehauen ist!" „Mir wärs lieber, mein Alter würd' irgendwo verschwinden, dann wär' die Welt nicht ärmer ...", scherzten und lachten sie. Obwohl ihre Sorgen und ihre Unruhe nicht ganz verschwinden wollten, tröstete sie sich damit, dass sie sich einredete, die anderen hatten bestimmt Recht.

Als sich die Gesellschaft wieder beim Parkplatz sammelte, um den Ure-Berg zu verlassen, merkte die Frau allerdings, dass sie sich getäuscht hatte, und schließlich mussten die Leute zugeben, dass es Grund zur Sorge gab. Im Bus saßen bereits der Fahrer und vier Reisende, er aber fehlte. Alle im Bus bezeugten, dass sie ihn nicht gesehen hatten. Die Frau bekam plötzlich Angst, sprang ratlos hin und her und wollte das Verschwinden bei der Polizei oder beim Notruf melden. Der Reiseleiter redete beruhigend auf sie ein, indem er ihre Hände nahm und ihr versicherte, ihm sei nichts passiert. Doch er konnte sich selbst nicht länger mit hohlen Worten begnügen, auch ihm wurde unwohl zumute: Falls wirklich ein Unglück geschehen war, so dachte er, müsste wohl er die Verantwortung übernehmen. Er schlug vor, nach dem Verschwundenen in der Nähe der Einsiedelei zu suchen. Während sie langsam die Berge hinaufgingen, tuschelten die Leute miteinander, wobei sie gelegentlich der Frau des Verschwundenen abschätzige Blicke zuwarfen, Mitleid herauskehrten und dies und jenes vermuteten. Nun schauten sie nicht mehr freundlich. Die Sonne ging gerade hinter dem Berg unter. Kaum eine Viertelstunde war vergangen, da fingen die Leute an zurückzukommen, und es schien, als ob sie glaubten, lange und gründlich gesucht zu haben. Die Angst hielt sie davon ab, tiefer in die Berge einzudringen: Da es immer dunkler wurde, bestand die Gefahr, sich selbst beim Suchen zu verirren. In der Tat schritt die Dämmerung so schnell voran, dass der Wald schon nach einer halben Stunde so wirkte, als sei er von einem großen schwarzen Tuch bedeckt. Er war jetzt kein bunt gefärbter, prächtiger Wald mehr wie vor dem Sonnenuntergang. Statt von seiner Schönheit beeindruckt zu sein oder sentimentalen Empfindungen nachzuhängen, verspürten sie jetzt ausschließlich Angst. Zuerst hatte man einfach einen rücksichtslosen Mitreisenden vermisst, doch je stärker die kollektive Furcht sich ausbreitete, desto mehr erschien ihnen dieses Szenario wie ein Morddrama, in dem der grauenhafte Berg den Vermissten verschlungen hatte. Diese Vorstellung verstärkte ihre Unruhe, die sich zu unausgesprochenen Vorwürfen gegen den Vermissten und seine Frau entwickelte. Inzwischen saßen sie und wollten sich nicht mehr vom Fleck rühren. Jemand schlug vor:

„Fahren wir erst mal." Ein paar Leute reagierten auf diese Initiative, als ob sie schon die ganze Zeit darauf gehofft hätten: auch wenn man noch so lange warte, bringe das nichts, und sie seien doch keine Geiseln! In was für eine Lage man überhaupt gekommen sei; zunächst einmal bleibe nichts anderes übrig, als in die nächste Stadt weiterzufahren, es werde ja schon zu dunkel. Der Mann habe sowieso die ganze Zeit kein Wort gesprochen, mache jetzt nichts als Schwierigkeiten, habe ja ohnehin von Anfang an unangenehm ausgesehen ... Diese Stimmung zwang den Reiseleiter, sich bald zu entscheiden. Wenn man den Vermissten jetzt sowieso nicht finden konnte, schien es ihm sinnlos, die Leute vor Ort festzuhalten. Er ließ den Fahrer losfahren, nachdem er ihm den Weg zum bereits reservierten Restaurant und zur Unterkunft skizziert hatte. Bei der Einsiedelei blieben nur er und die Frau des Vermissten. Er telefonierte mit der Zentrale des Reisebüros und meldete den Vorfall auch der Polizei. Während die Zentrale ihn anwies, den Zwischenfall möglichst diskret zu handhaben, nur kein großes Aufsehen zu erregen, reagierte die Polizei ein wenig verdrießlich. Man fahre zwar gleich los, aber es würde dauern. Der Reiseleiter antwortete, er würde auf jeden Fall warten, und beendete das Gespräch. Die Frau des Vermissten, voller Sorge, forderte ihn erneut auf, etwas zu unternehmen. Aber ihm blieb nichts anderes übrig, als zu warten, und so blickte er nur unruhig in die immer schwärzer werdenden Berge und seufzte.

Etwa eine Stunde später kam eine Staffel Polizisten an. Kurz davor war der Mönch aus der Einsiedelei eingetroffen, der gerade aus der Stadt zurückkam, und berichtete, dass es eine natürliche Höhle gäbe, die etwa dreißig Minuten bergan liege. „Sie ist zwar nicht für Menschen geeignet, sich darin auszuruhen – für Bergtiere wie Dachse vielleicht, die sich vor dem Nachttau schützen wollen. Aber man weiß nicht ... Haben Sie schon darin nachgeschaut?" Bevor der Reiseleiter reagieren konnte, sagte die Frau des Vermissten vorlaut und hektisch, man habe nichts von ihr gewusst.

„Folgen Sie mir bitte." Der Mönch bahnte ihnen den Weg, indem er mit einem Stock von der Dicke eines Handgelenks den Boden ebnete. Die Frau ging dicht hinter ihm. Auch die Polizisten, die gerade in diesem Moment eintrafen, stiegen den Berg hoch.

Es war ungefähr neun Uhr abends, als sie die Höhle erreichten. Der Mönch erklärte, indem er mit seinem hocherhobenen Stock auf den Eingang zeigte: „Wenn man dort hineingeht, gibt es eine ziemlich geräumige Stelle. Bis heute ist sogar überliefert, dass eine Familie sich während der japanischen Invasion im Jahre 1592 vor dem Aufruhr hierhin geflüchtet hat. So, wer möchte reingehen?" Nicht nur der Reiseleiter, auch der Mönch hielt die Frau zurück. Vor der Höhle hockend schrie sie: „Bist Du da drin, Liebling? Wenn Du da bist, antworte mir bitte!" Sie weinte jedoch nicht. Schließlich gingen statt ihrer drei Polizisten mit Taschenlampen hinein. Als sie die Gabelung des engen, holprigen, rutschigen und kalten Weges erreichten, fanden sie einen Mann mittleren Alters, der in der gebärmutterförmigen Grube wie ein Embryo zusammengerollt dalag. Er schien tief zu schlafen. Sie schüttelten ihn, aber er wurde nicht wach.

11

Man fragte mich aus. Warum ich das getan hätte? Ich sprach kein Wort, ich hielt es nicht für nötig. Auch der Polizist, der mich wegen des Protokolls zur Polizeiwache mitnahm, fing mit dieser Frage an. „Warum haben Sie das getan?" Ich sah das Gesicht meiner Frau, die weinend neben mir saß, und dachte, wie faltig es geworden ist und wie sinnlos die Zeit vergeht, und auch wie überflüssig dieser Gedanke selbst ist. In dem Moment, als sie mich mit einem leidvollen Gesichtsausdruck um eine Antwort bat, glaubte ich, dass sie meine Gedanken schon gelesen hatte. Sie wusste wahrscheinlich, was ich in der Höhle gemacht hatte. Der Zwang, den ich empfand, ließ mich den Mund öffnen – aber nicht wegen der Leute, sondern nur für sie: „Ich habe da geschlafen." Diese Antwort befriedigte meine Frau. Dachte ich jedenfalls. Vielleicht stimmte es nicht, vielleicht doch. Aber den anderen konnte sie nicht zufrieden stellen. „Sie meinen also, Sie sind in die Höhle gegangen, um zu schlafen?" fragte der Polizist, der mich vernahm, und schaute mich mit einem argwöhnischen Blick an, in dem sich Ärger und unterdrückte Müdigkeit mischten. „Ich leide unter Schlaflosigkeit." Der Polizist schien verblüfft, fragte: „Na und?". Misstrauisch und unzufrieden stieß er laut mit dem Druckknopf seines Kulis auf den Tisch. „Es ist wirklich wahr. Er hat lange nicht schlafen können." Ihre Unterstützung brachte den Polizisten ein wenig zum Schmunzeln. Mit einem Blick, als ob er Zustimmung von ihm fordern würde, schaute er den Reiseleiter an, der noch daneben stand. Dieser wollte etwas sagen, schloss seinen Mund aber gleich wieder, während der Polizist mit den Schultern zuckte. Ich hatte den Eindruck, dass sie auf diese Weise miteinander kommunizierten. Sie beurteilten uns wohl als blöd, als sonderlich oder geistig minderbemittelt. „Ach, jetzt gehen die Leute, die an Schlaflosigkeit leiden, in die Höhle? Sie ist wohl das Krankenhaus, das diese Krankheit heilt? In der Höhle kann man schlafen, wenn's zu Hause nicht klappt?" Der Polizist spottete, obwohl er sich bemühte, sich seine Ironie nicht anmerken zu lassen. Trotzdem verspürte ich ihm gegenüber ein Gefühl der Dankbarkeit, da er alles aussprach, was ich sagen wollte. Auch ich hätte so etwas nicht erwartet und nicht gewusst, dass es das geben könne, antwortete ich. „Als ich hineinging, überfiel mich plötzlich der Schlaf. Es war wirklich ein sehr angenehmer Schlaf, der angenehmste seit langem. Das ist alles." Der Gesichtsausdruck des Beamten spiegelte seine gemischten Gefühle wider – sollte er mir glauben oder nicht? Dann verschwand der Ausdruck wieder. Er trug etwas in das auf dem Tisch liegende Formular ein. „Schon gut. Sie können gehen." Er ließ recht deutlich seine Absicht erkennen, nicht noch mehr Zeit wegen einer so unsinnigen Sache zu vergeuden, und winkte mit der Hand ab. Meine Frau, die bis dahin besorgt neben mir gesessen hatte, stand auf, neigte ihren Kopf vor ihm und sagte: „Ich bedanke mich." Ich hätte gerne gewusst, wofür sie sich bedankte, aber ich sprach kein Wort mehr.

12

Er konnte wieder nicht schlafen. Seine Schlaflosigkeit schien noch viel schlimmer geworden zu sein. Er schloss sich wieder ein und sprach kaum mehr. Sein Körper wurde dünn wie ein Stachel. Kaum, dass sie von der Reise zurück waren, hatte die Frau schon der Tochter erzählt, was sich am Ure-Berg ereignet hatte. Dass er in der Höhle so fest hatte schlafen können, hätten beide gerne als Hoffnungszeichen angesehen. Aber sie konnten damit ihr unruhiges Herz nicht besänftigen. Weil sich nach der Reise nichts änderte, wurden ihre Hoffnungen enttäuscht. In der Höhle schlief er ohne zu träumen, sehr tief. Aber es schickte sich nicht, ihn wieder dorthin zu bringen, meinten sowohl die Frau als auch die Tochter; höchstens vielleicht, wenn er es verlangen würde. Ihrerseits konnten sie es nicht von ihm erwarten. Nein. Selbst, wenn es sein Wille wäre, es würde nichts ändern. Sie konnten auch nicht wissen, ob es richtig war, ihn in einer Höhle alleine zurückzulassen – so, als hätten sie nur darauf gewartet. Was gab es bloß in dieser engen, dunklen, nassen und rutschigen Höhle, das ihn, der unter Schlaflosigkeit litt, so ruhig schlafen ließ? Nicht nur der Polizist verstand das nicht. Sie konnten nicht fragen, obwohl sie so gerne gefragt hätten. Sie beobachteten argwöhnisch seine Stimmung.

13

Meine Frau und meine Tochter beobachten argwöhnisch meine Stimmung. Sie wünschen sich, dass sich mein Zustand ändert. Das wünsche ich mir freilich auch. Sie glauben, dass es meine Pflicht ist, meinen jetzigen Zustand zu ändern. Das denke ich freilich auch. Aber sie scheinen nicht zu glauben, dass ich die Fähigkeit besitze, diesen Zustand zu ändern. Das glaube ich freilich auch nicht.

Ich bin ebenso neugierig wie alle zu erfahren, wie die Höhle ihre

Wirkung auf mich ausübt. In ihr schlief ich etwa vier Stunden lang ohne Unterbrechung. Es war wirklich ein tiefer, angenehmer, traumloser Schlaf. Wenn sie mich nicht geweckt hätten, hätte ich länger geschlafen. Es war wie ein Wunder. Zur Zeit kann ich nicht einmal zwanzig Minuten lang schlafen. Wie konnte ich so lange und so bequem schlafen? Obwohl es in der Höhle dunkel war, empfand ich es nicht so, es war nass, ich empfand es nicht so, es war kalt, ich empfand es nicht so. Es gab weder Angst noch Unruhe. Es gab nur diese angenehme Vertrautheit, als ob ich in einem wie für mich gegossenen Raum gelegen hätte. Wie kann man das erklären? Bin ich in meiner Kindheit in einer Höhle gewesen, an die ich mich nicht mehr erinnern kann? In meiner Kindheit, in einem Traum oder vielleicht in einem Vorleben – obwohl ich bisher an so etwas nicht geglaubt habe? Ein solcher Gedanke folgt dem anderen, und so verschwindet der Schlaf gänzlich. Vielleicht ist meine Erinnerung an das, was ich während der Kindheit, im Traum oder in einem Vorleben – obwohl ich bisher an so etwas nicht geglaubt habe – erfahren haben mag, in meiner Seele oder irgendwo im Körper, in einem bisher nie gekannten, dunklen, tiefen und entlegenen Winkel, versteckt gewesen.

Eines Tages brach ich mit einem Rucksack alleine auf. Man könnte sagen, dass die Höhle des Ure-Bergs mich rief. Als ich in sie eintrat, schlug seltsamerweise mein Herz schneller. In ihr lag ich zusammengerollt wie damals und schlief sofort ein, tief und ohne zu träumen.

Als ich herauskam, wartete meine Frau bei der Einsiedelei auf mich. Sie tat, glaube ich, als hätte sie nicht gewusst, wohin ich gegangen war, obwohl sie es bestimmt wusste. Ich, der genauso wusste, dass sie mir gefolgt war und auf mich gewartet hatte, tat auch, als hätte ich nichts gewusst. Auf der Heimfahrt sagte sie mir, dass ich zwölf Stunden geschlafen hatte.

14

Manchmal fuhr er mit einem Rucksack alleine zum Ure-Berg. Die Höhle war immer dort. Er schlief zwölf Stunden am Stück, manchmal sogar zwanzig.

15

„Was bauen Sie?" Als die Frau ihn dies fragte, schüttelte ihr Ehemann den Kopf, er wusste es ja selbst nicht. „Was soll das denn sein?" fragte sie wieder, während sie das Ding von allen Seiten betrachtete. „Nun, was soll das sein?", fragte er gleichgültig zurück, als wäre nicht er der Schöpfer. Für diesen Tonfall konnte er nichts, denn es war ja wirklich so, dass er nicht wusste, was es sein sollte. Die Frau ging aus dem Zimmer, den Kopf nachdenklich geneigt. In der Tat war das Ding seltsam anzusehen.

Am nächsten Tag kam die Tochter zu ihm und stellte ihm Fragen über das Ding, aber auch diesmal konnte er keine befriedigende Antwort geben. Die Tochter betrachtete den Gegenstand, den Quader mit einer offenen Seite, den fünfseitigen Quader (wenn es so etwas gibt) von allen Seiten, stellte und legte ihn hin. Dann schob sie ihn an die Wand und setzte sich darauf. „Hier kann man gut sitzen. Man kann es als Sofa benutzen. Soll ich ein paar Kissen drauflegen?" Sunyoung ging lächelnd aus dem Zimmer, holte gelbe, rote und blaue Kissen und legte sie auf das Ding, das nun wirklich wie ein Sofa ausschaute. „Vater, setzen Sie sich doch auch hierhin", ermunterte sie ihn und zog ihn am Arm. Er aber weigerte sich und wehrte mit der Hand ab. „Warum denn nicht? Es ist doch schön. Hier kann man sich ja ganz aufs Lesen konzentrieren." Sie nahm ein Buch, das auf dem Tisch daneben lag, und blätterte hinein. Es handelte sich um „Die wichtigsten Züge beim Go-Spiel". Dieses Buch hatte er irgendwann gekauft, aber lange vergessen und neulich wieder aus dem Regal geholt. Doch bis jetzt hatte er nicht die Ruhe, geduldig sitzen zu bleiben und es zu studieren. „Wir können auch das Go-Brett hier aufstellen." Sie neigte dazu, ohne Zögern in die Tat umzusetzen, was immer ihr gerade einfiel. Das Brett legte sie auf das gelbe Kissen, während sie sich auf das rote setzte. Dann ließ sie die schwarzen und weißen Go-Steine laut fallen. Nach einer Weile sagte sie zu ihm, mit dem Blick auf das leere blaue Kissen deutend: „Setzen Sie sich bitte, Vater. Lassen Sie uns spielen." Er starrte ihr Gesicht eine Zeitlang an. Es tat ihm weh zu sehen, wie sie sich um ihn sorgte. Er setzte sich auf das blaue Kissen. Sie nahm die schwarzen Steine. Nach ein paar Zügen merkte er schon, dass sie kaum Go spielen konnte. Die ersten Steine legte sie völlig planlos. „Wirke ich unruhig?" fragte er. „Nein, warum sagen Sie so was?" antwortete sie besorgt, die Augen vom Spielbrett hebend. „Du brauchst dir keine Sorgen um mich zu machen", sagte er, während er auf das Brett starrte. „Es wäre leichter für mich gewesen, Sie hätten mich darum gebeten, mich mehr um Sie zu kümmern." Sie sammelte die Steine und sagte: „Ich weiß, daß ich Sie nie wieder bitten werde, mit mir Go zu spielen." Sie stand auf und schlug ihre Hände zusammen, als müsse sie Staub abschütteln: „Sie können hier sitzen und das Go-Spiel studieren, Vater. Vielleicht basteln Sie ein neues Go-Brett."

Sobald sie aus dem Zimmer gegangen war, wurde es ruhig. Das rote Kissen, auf dem sie gesessen hatte, strahlte eine unbeschreibliche Traurigkeit aus. Er streichelte es sanft mit der Hand. Es gab nichts zu greifen. Als ihm elend zumute wurde, umfasste er seine Schultern mit den Armen.

Etwas später, als die Frau ihm Tee brachte, saß er auf dem roten Kissen und las. Neben ihm lag das Go-Brett, auf dem weiße und schwarze Steine verteilt waren. Ihr, die von Go nichts verstand, schienen die Steine völlig wahllos verstreut. In seiner Hand hielt er das Buch „Die wichtigsten Züge beim Go-Spiel". Sie erkannte aber nicht, wovon das Buch handelte, ob von Go oder von der Börse. Es war aber auch nicht wichtig. Wichtig war für sie, dass er überhaupt etwas las. Sie wollte es als Hoffnungszeichen betrachten, dass er etwas tat.

Das undefinierbare Ding, das ihr Ehemann gebaut hatte, schien doch zu etwas nützlich zu sein.

Na also! Soweit lief es doch gut. Es schien noch Hoffnung zu geben. Er war zwar noch nicht so weit, aber bald würde er nachts schlafen können, die Tür öffnen und hinausgehen, mit Leuten scherzen und die frühere Lebenslust und Kraft wieder finden. Das zumindest hoffte seine Familie. Noch sahen es die Frau und die Tochter als positiv an, dass er Hobeln und Sägen in der Zimmermannsschule gelernt hatte. Obwohl er genauso unter Schlafmangel litt wie zuvor, zog ihn die Höhle nicht mehr an, was sie als Folge des Kurses interpretierten. Noch glaubten sie, seine Schlaflosigkeit werde nun geheilt. Aber bald war nicht mehr zu leugnen, dass es sich nur um leere Hoffnungen handelte.

16

Eines Sonntags rief die Frau die Tochter, die noch im Bett lag und ihre Morgenruhe genoss, zum Frühstück. „Bitte lassen Sie mich länger schlafen", sagte die Tochter und schlüpfte wieder unter die Decke. Aber schon zog die Mutter energisch an ihrem Arm: „So selten, wie du zu Hause bist, frühstücken wir mit ihm zusammen. Erstmal stehst du auf, nach dem Essen kannst du wieder ins Bett gehen." Aus Mitgefühl für den Vater schlug die Tochter die Decke zurück und stand auf. Sie gähnte und streckte sich: „Wieviel Uhr ist es? Ist Vater schon runtergekommen?" „Fast zehn. Er ist noch nicht unten ... Steh jetzt schnell auf und wasch dein Gesicht." Die Tochter murmelte etwas davon, den ganzen Tag zu schlafen, und ging ins Badezimmer. Die Mutter warf einen mitleidigen Blick auf sie und ging die Treppen zur oberen Etage hoch, wo sich sein Zimmer befand. Sie wusste nicht mehr, seit wann sie in getrennten Zimmern lebten. Eigentlich hatten sie das nie so entschieden, auch hatten sie keine schlechte Beziehung. Wenn es überhaupt einen Grund gab, dann den, dass er sein Zimmer, in dem er sich tagsüber einschloss, nicht verließ. Anfangs ging sie ein paar Mal hoch, um ihn zu rufen, bevor sie ins Bett ging, und er folgte ihr. Aber immer seltener konnte er einschlafen, drehte sich von einer Seite auf die andere, stand dann plötzlich mitten in der Nacht auf und ging hinaus. Dadurch störte er auch ihren Schlaf, und irgendwann kam er nicht mehr zu ihr, und sie rief ihn nicht mehr zu sich. Er blieb manchmal den ganzen Tag oben, nun lebten sie in verschiedenen Zimmern.

„Sind Sie aufgestanden? Wir frühstücken." Sie klopfte leise an der Tür. Dabei lächelte sie darüber, dass sie das Wort „aufgestanden" benutzt hatte. Als ob er zu dieser Zeit noch schlafen könnte! Er war ja niemand, der abends ins Bett ging und morgens aufstand. Da er nicht einschlief, wachte er auch nicht auf. Aus dem Zimmer kam keine Reaktion. Das musste aber noch nichts bedeuten. In letzter Zeit war er übertrieben wortkarg. Er öffnete den Mund nicht, wenn er nicht gefragt wurde. Selbst Antworten blieb er manchmal schuldig. Es gab Tage, an denen er kein einziges Wort sprach. Wenn er nicht schlief, wovon sie ausging, musste er sie hören. Dann geh ich wohl besser runter, Reis und Suppe hinstellen, dachte sie. Gerade setzte sie noch einmal an zu sagen, dass Sunyoung unten wartete, damit alle zusammen frühstücken konnten, und war im Begriff, die Treppe hinabzusteigen. Plötzlich hielt eine feine Kraft sie zurück. Ihr war unheimlich zumute, ihr sträubten sich die Haare. Es war im Zimmer zu ruhig gewesen. Wie in einem luftleeren Raum, oder bei einem Schwindelanfall, als wären die Ohren betäubt, das war ihr Eindruck. Schwankend fasste sie die Türklinke. Woher diese Vorahnung? Sie musste tief durchatmen, um ihr pochendes Herz zu beruhigen, bevor sie die Tür öffnete.

Sie konnte ihren Mann nicht sehen. Ihr war, als bliebe ihr Herz stehen. „Liebling?", rief sie, doch keine Reaktion kam. „Wohin ist er gegangen? Aber er kann doch nicht nach draußen ...", murmelte sie. Zumindest wusste sie, dass, seitdem sie aufgewacht war, niemand das Haus verlassen hatte. Wie gewohnt hatte sie um zehn vor sieben die

Augen aufgeschlagen, seine Hemden und die Bluse ihrer Tochter gebügelt, die Topfpflanzen gegossen, die Morgennachrichten im Fernsehen geschaut und dann Reis und Suppe gekocht. Möglich war allerdings, dass er schon hinausgegangen war, bevor sie erwachte. Das würde erklären, dass sie ihn dabei nicht gesehen hatte. War er nachts aus dem Haus gegangen? Das war zwar bisher nie passiert, doch ganz ausschließen konnte man es nicht. Was aber würde das bedeuten? Hektisch schaute sie sich im Zimmer um, während sie fieberhaft überlegte. Der Vorhang war noch zugezogen, das Fenster zwar nicht verriegelt, aber auch nicht geöffnet. Sie ging ans Fenster, zog ohne nachzudenken den Vorhang zurück und machte das Fenster auf. Als ob die Sonne schon lange darauf gewartet hätte, überflutete sie das Zimmer und brachte eine Handvoll Wind mit. Die Frau atmete einfach ein. Der Sonnenschein war warm und der Wind kühl. Obwohl das Haus nur zwei Etagen hatte und der Rasen dicht unter ihr lag, fühlte sich die Frau, als stünde sie vor einem tiefen Abgrund. Ihr war schwindelig. Wenn man von hier springen würde, würde man sich doch verletzen, dachte sie. Sie schüttelte den Kopf, um den bösen Gedanken loszuwerden, und schloss das Fenster. Ihr Blick fiel auf das Go-Brett. Es lag ordentlich auf dem seltsamen, dem fünfseitigen Quader, falls es so etwas überhaupt gibt, darunter das gelbe Kissen. Daneben, auf einem anderen Kissen, sah sie ein aufgeschlagenes Buch. Auf dem Umschlag stand: „Der Puls von Leben und Tod". Mal wirkte es, als ob jemand bis vor kurzem darin gelesen hätte und eben auf die Toilette gegangen wäre, und dann wieder, als ob es schon lange dort lag. Die Stimmung, die von Raum und Buch ausging, schien ihr einerseits verwandt, andererseits fremd. Ihr war plötzlich seltsam zumute, während ihr Blick zwischen dem Brett, dem Buch und Kissen schwankte. Wo blieb der Sonnenschein, der durch das Fenster hereingebrochen war? Und die Handvoll Wind? Sie suchte jenen einzigen Ort, an dem Sonnenschein und Wind nur geblieben sein konnten. In ihr erwachte wieder jene beunruhigende Kraft, die sie beim Öffnen der Zimmertür gespürt hatte. Diese absolute Ruhe im Zimmer. Wie in einem luftleeren Raum, oder bei einem Schwindelanfall, als wären die Ohren betäubt, das war ihr Eindruck. Dazu das Gefühl, in einem Grab zu sein: all das lief ihr kalt über den Rücken. Sie schaute in die offene Seite des „fünfseitigen Quaders" hinein. Ihr stockte der Atem. Vor ihren Augen wurde es schwarz, als ob ihr jemand erbarmungslos auf den Hinterkopf geschlagen hätte. Taumelnd ging sie rückwärts aus dem Zimmer. „Sunyoung, Sunyoung!" schrie sie laut und wankte einige Stufen hinab, wobei sie sich am Geländer festhielt. „Was ist?" Die Tochter, noch im Schlafanzug, trank gerade ein Glas Wasser aus dem Kühlschrank, als sie die leichenblasse Mutter sah, ans Geländer geklammert und ihren Namen rufend. „Was ist, Mutter, was ist denn, was ist denn los?" Die Tochter sprang auf und rannte die Treppe hinauf. Die Mutter, deren Hände kraftlos wurden, sackte lautlos auf sie herab. Ihr Körper wäre beinahe auf die Treppe gerollt, wären Sunyoungs Schritte langsamer gewesen. Die Tochter fing ihre fast bewusstlos fallende Mutter mit ausgestreckten Armen auf. „Was ist denn los, Mutter, warum ...", fragte die erschrockene Tochter, schüttelte dabei die Mutter, die aber kaum sprechen konnte. Sie zeigte nur mit der Hand auf sein Zimmer. Die Tochter stützte die Mutter, legte sie auf das Sofa und lief sofort nach oben.

Ihr Gesicht war ebenfalls totblass, als sie kurz danach aus dem Zimmer kam. Auch sie wäre fast gestürzt, doch sie hielt sich aufrecht.

17

Sie zwangen sich ihm gegenüber keine Fröhlichkeit mehr ab. Sein Zimmer wollten sie nicht mehr betreten. Das lag an dem Quader – nein, diesem Gegenstand, dem Quader mit fünf Seiten, wenn es so etwas gibt –, den er im Keller gebaut und in sein Zimmer gestellt hatte. So wurde er noch isolierter als früher, und immer unerreichbarer schloss er sich ein.

Vater war ein milder und weicher Typ. Nicht nur anderen konnte er nie etwas Unangenehmes sagen; das galt auch für seine Familie. Ich sah, wie er von Verwandten verspottet wurde. Ich sah, wie sein Gesicht rot wurde, er aber nichts antworten konnte, geschweige denn protestieren; ich sah, wie hilflos er war, und manchmal fand ich ihn feige. Dann hasste ich ihn. Ich konnte damals nicht verstehen, warum Vater eine solche Schande erduldete. Später aber wusste ich, dass die Verwandten seiner Frau ihn verhöhnten, weil er nichts verdiente. Tatsächlich hatte er nie in seinem Leben einen ordentlichen Beruf gehabt. Der Lebensunterhalt meiner Familie kam von Mutter, die aus einer reichen Familie stammte. Da ihr Vater reich war, war auch sie reich. Ihr Vater liebte am meisten unter all seinen Kindern sie. Dass gerade sie einen Taugenichts ohne Einkommen geheiratet hatte und ein hartes Leben führte, schmerzte ihn immer, und so schickte er ihr oft Geld. Mutter eröffnete damit ein Kleidergeschäft und eine Bäckerei. Was wir aßen und wovon wir lebten, das kam von diesen Läden. Verhielt sich Vater vielleicht deshalb auch Mutter gegenüber meist mild? Soweit ich mich erinnere, äußerte er fast nie deutlich seine Meinung, bestand fast nie hartnäckig auf seinem Willen. So war es normalerweise.

Aber wenn er einmal betrunken war, wurde er ein völlig anderer Mann. Kam er dann nach Hause, wurde seine Stimme laut, seine Sprache grob, er fluchte sogar, gewann an Kraft, schlug uns mit der Faust, trat nach uns, warf mit allem, was ihm gerade in die Hände kam. Niemand konnte ihn zurückhalten. Er hörte auf keine Worte, und keine Macht konnte ihn bremsen. Die Zauberkraft des Alkohols erfuhr ich schon zu früh. Die Tage, an denen Vater betrunken nach Hause kam, waren Tage des Grauens. Ich hasste sowohl den unterwürfigen als auch den gewalttätigen Vater. Ich hasste ihn um so mehr, da er nicht nur unterwürfig, sondern auch gewalttätig war. Ich hasste ihn noch mehr, weil, wenn er gewalttätig war, mir seine Unterwürfigkeit einfiel, und umgekehrt. Mutter und mir blieb nichts anderes übrig, als ängstlich und voller Anspannung auf ihn zu warten, wenn er spät am Abend noch nicht zu Hause war. Jedes Mal hoffte ich, alles würde gut gehen, aber meistens vergeblich.

Der einzige Weg, vor der Gewalt des Betrunkenen zu fliehen, war, mich zu verstecken. Wenn er mich nicht sah, war es für ihn, als wäre ich nicht da. Mutter wusste das. Darum schickte sie mich ins Dachzimmer, wenn er betrunken kam. Ich flüchtete mich hastig nach oben mit dem Buch, das ich gerade las, meinem Hausaufgabenheft oder mit Spielzeug, mit Murmeln etwa. Im Dunkeln des Dachzimmers, den Atem anhaltend, lag ich auf den Bauch auf dem Boden und hörte ununterbrochen Lärm von unten. Mal rollte ich die Kugeln in meiner Hand, mal blätterte ich im Buch. Schien in klaren Nächten der Mond durch das kleine Seitenfenster hinein, war es sogar möglich, Bilderbücher mit großer Schrift zu lesen. Ich glitt dann irgendwann in den Schlaf. Nachdem der tobende Vater ermüdet eingeschlafen war, brachte Mutter die Wohnung halbwegs wieder in Ordnung, kam leise nach oben und trug mich auf ihrem Arm hinunter. Dabei seufzte sie jedes Mal oder weinte. Manchmal hielt sie mich lange auf ihrem Arm, als wäre sie geistesabwesend, ohne ein einziges Wort zu sprechen.

Eines Nachts geschah es, dass die Tür vom Dachzimmer von seiner Hand geöffnet wurde. Das überraschte mich, denn sonst passierte das nie. „Warum dort? Warum wollen Sie da oben hinein?" Ich hatte ihre erschrockene Stimme gehört. Bestimmt hatte sie versucht, ihn am Arm zurückzuziehen. „Hände weg, aber sofort! Weg damit! Gi-Chul, du Schlingel, du bist doch oben? Papa ist gekommen, aber du verkriechst dich da oben. Was machst du da wie eine Ratte ..." Vater schien völlig betrunken und sehr wütend zu sein. Seine Aussprache war undeutlich, aber seine Stimme viel lauter als sonst. In diesem Moment hörte ich einen dumpfen Schlag und wie Mutter, die wohl auf den Boden gefallen war, stöhnte. Da spürte ich, wie der Türknauf gedreht wurde. „Gi-Chul", schrie Mutter laut. Sie wusste so gut wie ich, was geschehen würde, wenn er mich fand. Sie wollte mich warnen, und ich hatte es verstanden. Ich musste etwas unternehmen. Da ich schon einige Stunden in dem Raum verbracht hatte und dies und jenes durchstöbert hatte, wusste ich ziemlich genau, wo was lag. Der Reisbehälter war in meinem Blickfeld. Ich wusste, dass er voll mit staubigem Trödel und Kleinkram war, riss dennoch hastig seinen Deckel auf und kroch eilig hinein. Der Innenraum war eng, aber er passte genau für mich, als ich mich hineinkauerte. Hätte Vater nicht beim Öffnen der Zimmertür geschwankt, wäre ich beinahe erwischt worden. Ich konnte mich perfekt verstecken in dem Moment, in dem er zögerte. Im dunklen Dachzimmer stand Vater und schrie: „Gi-Chul, du Scheißkerl, wo bist du? Komm schnell raus! Du bist genau wie deine Mutter, sogar du verachtest mich! Warte nur, du fällst mir schon noch in die Hände ..." Ich kauerte mich im Dunkeln zusammen und hielt den Atem an. Der aufgewirbelte Staub flog mir durch die Nase bis tief in die Lunge. Mein Hals kratzte, und ich musste mühsam das Niesen unterdrücken. Vater trat nach irgendwelchen Gegenständen. Es polterte und krachte. „Krepier doch, krepier..." Seine Stimme klang übermäßig hoch, überschlug sich, wurde fast weinend. Er verlor dann das Gleichgewicht und fiel hin. Ich hörte ihn vor sich hin brummeln und konnte ihn kaum noch verstehen. Vater stand nicht auf, liegend schimpfte er weiter, murrte unverständliche Worte und wurde dann endlich ruhig. Er war eingeschlafen. Dennoch konnte ich nicht sofort hinausklettern. Ich lauerte mit angehaltenem Atem auf einen passenden Moment. Der anfangs beengende, stickige Reisbehälter wurde mit der Zeit erträglich und dann sogar behaglich. Meine Nerven erschlafften, ich schlief ein.

Mutter kam nach oben, fand mich aber nicht. Sie rief leise meinen Namen, ich jedoch nicht konnte nicht antworten. Sie wusste nicht, dass ich im Reisbehälter versteckt war. Später sagte sie, sie habe vermutet, ich sei durch das handtellergroße Fensterchen hinausgeschlüpft.

Von diesem Tage an kroch ich immer in den Reisbehälter, wenn Vater, betrunken, spät nach Hause kam. Ein erstaunliches Wohlgefühl, das meine Muskeln und Nerven entspannte, überkam mich, wenn ich bei geschlossenem Deckel darin kauerte. Jedes Mal zog es mich in den Schlaf. Traumlos schlief ich, tief und erholsam.

Unabhängig von Vater stieg ich zuweilen ins Dachzimmer hoch. Auch tagsüber schlüpfte ich in den Reisebehälter.

19

Er verbrachte die meiste Zeit des Tages im selbst gemachten Quader, im fünfseitigen Quader (wenn es so etwas gibt), der Beine hatte. Er wurde ruhig, und seine Wut, die draußen in ihm emporstieg, zerlief wie der Schnee, der schmilzt. Draußen spürte er keinen Lebenswillen, aber drinnen blieb er von solchen Gefühlen verschont. Deshalb musste er hineinkriechen. Meistens schlief er, manchmal aber las er. Später aß er dort Kekse oder Brot, trank auch Bier oder Kaffee. Irgendwann schrieb er darin auch liegend sein Tagebuch. In dem engen Raum stauten sich die Dinge immer mehr: das Tagebuch, Stifte, andere Schreibwaren, Bücher, eine Brille, eine Keksschüssel und das magnetische Go-Brett. Er spielte darin allein Go. Soweit möglich, verließ er das Behältnis nicht mehr. Seine Welt schrumpfte auf diesen Sarg ein, in dem er gerade liegen konnte. Aber er war weder unglücklich, noch war es ihm unbequem. In seiner Kindheit war er unabhängig vom Vater ins Dachzimmer geschlichen und hatte auch tagsüber im Reisebehälter seine Zeit verbracht. Damals war er weder unglücklich, noch war es ihm unbequem.

Die Frau und die Tochter wollten sein Zimmer nicht mehr betreten. Sie mochten den Mann und Vater nicht sehen, der die ganze Zeit im Sarg liegend lebte. Sein Anblick beleidigte sie, bedeutete Schmerz und Trauer. Sie wollten ihn verstehen und dachten ihn verstehen zu können, aber sie konnten es nicht.

20

Ich werde sehr lange leben. Es mag zwar sein, dass das nicht stimmt, aber vielleicht stimmt es doch. Manchen Leuten hat der Arzt nur sechs Monate gegeben, sie haben aber noch fünf Jahre gelebt. Andere erfahren dagegen im Krankenhaus, das ihre fünf Organe und sechs Körperteile völlig gesund sind, und dann werden sie vorm Ausgang der Klinik von einem Auto überfahren. (Solche Fälle kenne ich aus meinem Bekanntenkreis. Die älteste Schwester meiner Frau lebt jetzt schon fünf Jahre länger, als man ihr vorhergesagt hatte, der Vater eines Kommilitonen starb durch einen Unfall vorm Krankenhaus.) Man stirbt nicht allein durch Krankheit, nicht allein durch Unfälle. Auch Gesundheit muss kein langes Leben bedeuten. Nichts ist gewiss. Man kann ja doch nichts vorhersagen. Die Welt erlaubt keine Gewissheit. Aber dass man irgendwann stirbt, das ist gewiss. Das kann auf der Stelle passieren oder nach zehn Monaten oder nach fünfzig Jahren ... Aber vielleicht stimmt es, dass ich sehr lange leben werde. Es mag zwar sein, dass es nicht stimmt, aber vielleicht stimmt es doch.

Der Ministerpräsident stirbt nicht

Er war tot. Die schockierende Nachricht verbreitete sich von Mund zu Mund. Diesmal tauchte das Gerücht zuerst an der Börse auf. „Diesmal" sage ich, weil es so ein Gerede schon mehrfach gegeben hatte. Er lebte immer wieder, nachdem das Gerücht ihn schon ein paar Male zum Tode verurteilt hatte. Glaubte man dem, was man frühmorgens an der Börse hörte, so war er am Tag davor, also am 12. März, um 23 Uhr 35 im Schlaf ruhig gestorben, Todesursache Magenkrebs. Man ergänzte, er habe lange gegen den Krebs gekämpft. Das Gerücht war ziemlich konkret und voller Einzelheiten. Seine Frau, zwei Söhne, drei Hausärzte und zwei Sekretäre hätten sein sterbendes Antlitz gesehen. Nach ihrer Aussage habe er sich bis zum letzten Moment um die Zukunft des Landes gekümmert. Er habe noch einmal auf den neuen Projekten beharrt: der Kanalisation für das ganze Land, die man gerade zu bauen begonnen hatte, und dem Unterwassergarten, der noch in Planung war. Er sei sehr besorgt gewesen, der Verlust des Führers könnte Unruhe und Streit unter der Bevölkerung verbreiten. Deshalb habe er seine Augen nicht schließen können, nachdem er schon aufgehört habe zu atmen. Einen asiatischen Helden nachahmend habe er, so wurde noch hinzugefügt, den Spruch als Testament hinterlassen: Mein Tod soll nicht bekannt werden.

Am Nachmittag verbreitete sich ein anderes Gerücht. Zwar hieß es immer noch, er sei tot. Nun aber war er anders zu Tode gekommen. Der neuen Version zufolge war er weder an Magenkrebs noch friedlich und ruhig gestorben. Wie die Tode aller Helden war auch sein Ende tragisch: Einer seiner Leute, der Chef der Leibwache, habe den Revolver auf seine Brust gerichtet und dann plötzlich, beim Abendessen, dreimal auf ihn geschossen; der Ministerpräsident sei auf der Stelle tot gewesen. Zwar fand die Behauptung viel Anklang, der Leibwächter, der bei der Diskussion über den Unterwassergarten die ganze Zeit getadelt wurde, habe spontan seinen Revolver gezogen. Die Gegenmeinung, das sei keine unwillkürliche Handlung, sondern eine von gewissen Putschkräften im Detail geplante Aktion gewesen, bekam jedoch keine geringere Zustimmung.

Das Gerede verbreitete sich in Windeseile, veränderte sich launisch. Bis zum Abend des 14. März lief noch viel mehr von Mund zu Mund. Es gab Versionen, sein Flugzeug sei abgestürzt, sein Auto habe sich überschlagen. Eines der umlaufenden Gerüchte – ein böswilliger Vorwurf – besagte sogar, er sei auf dem Bauch einer der berühmtesten Schauspielerinnen gestorben.

So sehr sich die Gerüchte unterschieden, man war sich doch einig, dass er die Welt verlassen hatte. Er war tot. Wenn zwei Leute sich trafen, sprachen sie über seinen Tod. Die Worte gebaren immer neue Worte.

Zum Beispiel so. Jemand fing ein Gespräch an, fragte: „Er ist doch tot?" Darauf antwortete ein anderer: „Ja. Aber das hat man schon zu oft gehört, ich weiß nicht, ob ich es glauben soll." Der erste versicherte, diesmal sei es echt: „Ich habe es aus einer zuverlässigen Quelle. Diesmal stimmt es. Er hatte Magenkrebs. Das Leben fiel ihm ja schwer, schon lange hat er dagegen gekämpft. Es war ja vorauszusehen. Wie viel er geschluckt hat ..."

„Psst! Vorsicht, Freund! So hemmungslos darfst du nicht sprechen ... Und beim letzten Mal war es doch auch schon glaubwürdig!"

„Es ist aber aus zuverlässiger Quelle."

„Mir scheint ... deshalb hat er sich nicht gezeigt."

„Genau. Die zuverlässige Quelle sagt, dass er darum seit dem Ausbruch der Krankheit nicht mehr in der Öffentlichkeit aufgetreten ist."

Niemand fragte oder gab an, um was für eine zuverlässige Quelle es sich handelte. Auf solche Weise wurde die undefinierbare zuverlässige Quelle von vielen aufgenommen. Wer im ersten Gespräch noch gezweifelt hatte, verkaufte sie dem Nächsten selbstsicher und mit ernstem Gesicht. Die Vielzahl der verschiedenen „zuverlässigen Quellen" verbreitete „zuverlässige Informationen". Stieß die eine Information auf die andere, kam es aber nicht zu Konflikten. Angenommen, die Krebsthese traf auf die Putschthese, dann musste eine als falsch gelten. Aber niemandem ging es um Richtigkeit oder Wahrheit. Die Versionen reicherten sich lediglich gegenseitig an. Seltsamerweise bildete sich keine besonders einflussreiche These heraus, sondern all die verschiedenen Behauptungen vergrößerten sich im gleichen Maße. So starb der Ministerpräsident mal nach dreijähriger Krankheit oder bei einem Flugzeugunfall während einer Reise in die Provinz oder auf dem Bauch einer schönen jungen Schauspielerin.

Auf solche Weise vermehrte sich das Gerede immer mehr. Was echt war, wusste man nicht mehr. Als einzig gesicherte Behauptung galt sein Tod. Sonst war nichts sicher.

Bei den Medien, in den Ämtern schwirrten die Anfragen der Neugierigen nach Fakten. Jedoch gab es keine klare Antwort zu hören. Die routinemäßige Reaktion lautete, es sei keine Anweisung in dieser Angelegenheit gekommen, so sei man nicht imstande, etwas mitzuteilen. Dies schien auf den ersten Blick den Inhalt der Gerüchte zu bestätigen, was aber nicht so war. Selbst wer ein schlechtes Gedächtnis hatte, wusste, dass man bei jedem Gerücht immer dieselbe Antwort wiederholte. Etwa dreißig Stunden nachdem das Gerücht entstanden war, am Nachmittag des 14. März, fand eine Massenversammlung im Ilsamyuk statt, dem größten Park des Landes. Etwa dreißig Organisationen hatten sie initiiert, auf mehr als drei Millionen schätzten sie die Zahl der Teilnehmer. Das entsprach einem Drittel aller Menschen, die in der Hauptstadt und ihrer Umgebung wohnten, Kinder und alte Leute eingeschlossen.

In einem Zeitungsbericht war irgendwann ausgerechnet worden, wie viele Menschen dieser Park überhaupt aufnehmen konnte; das war in einer so heftigen wie überflüssigen Diskussion zwischen den Organisatoren einer politischen Versammlung und ihren Gegnern wegen der Teilnehmerzahl gewesen. Dem Bericht zufolge gab es, wenn 1.360.000 Menschen sich im Park befanden, keinen Platz mehr auch nur für eine Nadel. Seitdem trug der Park den Namen Ilsamyuk. Würde man dieser Behauptung glauben, hätte man eine noch einmal so große Fläche gebraucht, um drei Millionen Menschen unterzubringen. Aber es gab wenige Leute, die an dieser Zahl ernsthaft zweifelten. Für die meisten stand die drei-Millionen-Zahl symbolisch für eine riesige Menschenmenge. Seit geraumer Zeit dachten die Leute im Lande nicht mehr bewusst über politische Versammlungen nach. Man hätte überlegen müssen, wie viele Gruppen und Vereine mit patriotischen und nationalen Namen es gab, von denen man sonst nichts gehört hatte. Aber niemand wollte sich diese Mühe machen.

Auf jeden Fall lautete das Motto aller staatlichen Organisationen, die sich an der Veranstaltung beteiligten: „Der Ministerpräsident darf weder sterben noch sterben können". Die Versammlung war offen gegen das verbreitete Gerücht gerichtet, und die Stimmung so ungeheuer kämpferisch und leidenschaftlich, dass es sogar möglich schien, ihn wieder auferstehen zu lassen, selbst wenn er gestorben war. Das Gerücht von seinem Tod ließ eine Begeisterung aufkommen, heiß wie eine Stichflamme, die den Himmel durchbohrt und das Meer austrocknet. Sie hatten ihn zum Unsterblichen gemacht. Sogar wenn er selbst es sich gewünscht hätte: Angesichts dieser Stimmung hätte er nicht wirklich sterben können. Aber auch diese Szene war nicht neu. Man hatte sie jedes Mal erlebt, wenn ein solches Gerücht sich verbreitete. Die meisten fühlten sich irritiert. War er wirklich tot?

Seine Existenz war das größte Geheimnis. Er wurde vor neunzehn Jahren für eine vierjährige Amtszeit zum Ministerpräsidenten gewählt, von der Bevölkerung mit Begeisterung getragen. Während der ersten vier Jahre tat er sein Bestes, um das Land aus wirtschaftlicher Armut und geistiger Verzweiflung herauszuholen und das Ergebnis langer Fremdherrschaft zu überwinden. Seiner menschlichen Würde und seiner Führungsfähigkeit wegen folgte man ihm mit Vertrauen. Großzügig und mutig, zeigte er Sorgfalt und Energie. So wurde er nach vier Jahren wieder gewählt. Die Medien der Welt berichteten über seine Leistungen und triumphale Wiederwahl mit Bewunderung und höchster Sympathie. Die Schlagzeile einer ausländischen Nachrichtenagentur: „Der Ministerpräsident von R. wieder gewählt. Auch von der Oppositionspartei unterstützt". Danach wurde er noch einmal gewählt.

Ein viertes Mal aber konnte man ihn nicht mehr wählen, weil die Bevölkerung keine Rechte mehr besaß. Zwei Jahre nach seiner dritten Wahl, vor neun Jahren, geriet das Land in eine Krise. Soldaten mit politischen Ambitionen hatten geputscht, erfolglos. Drei Tage später wurde berichtet, dass die Truppen des Ministerpräsidenten sie überwältigt hätten. Berichte, der Ministerpräsident sei von den Putschisten erschossen worden, erwiesen sich später als falsch. (Streng genommen war dies das erste Gerücht über seinen Tod.) Direkt nach diesem Ereignis wurde die politische Ordnung reformiert, um effektiv auf den Ausnahmezustand des Staats zu reagieren. Eine der Maßnahmen war, das Amt des Ministerpräsidenten auf Lebenszeit zu vergeben. Obwohl diese Entscheidung einen radikalen Bruch mit seiner vorherigen Amtsführung bedeutete, vertraute ihm die Bevölkerung doch so sehr, dass sie ohne jeglichen Widerspruch zustimmte. Plötzlich dominierte die Meinung, man brauche einen mächtigen Ministerpräsidenten, und die meisten Leute willigten schweigend ein. Zweifel, ob das Amt unbedingt auf Lebenszeit ausgeübt werden müsse, fanden kaum Unterstützung. Die Erwartungen der Bevölkerung, ihr Vertrauen in ihn waren zu groß, um die neue Ordnung anzuzweifeln, und ebenso groß war die Angst vor einem Putschversuch des Militärs, wie er sich gerade ereignet hatte.

Es war auffällig, wie sich die Amtsführung des Ministerpräsidenten seitdem änderte. Er wurde augenscheinlich stärker als früher, aber wendete nun die Gesetze äußerst unflexibel an. Anders als zuvor hielt er sich auf Distanz von der Bevölkerung. Er schaffte die Sprechstunden für das Volk ab, die er zu Beginn seiner Amtszeit eingeführt hatte, mit der Begründung, sie seien ineffektiv und unmodern. Zusätzlich wurde der Schutz vor subversiven Kräften als Grund genannt. Die meisten Leute bedauerten die Änderungen, auch wenn sie verstanden, wie der misslungene Putsch ihn schockiert und geprägt haben musste. Er ließ sich sogar in den Medien kaum blicken, und wenn er sich ausnahmsweise zeigte, las er verkrampft seine Rede vor. Das war alles. Er war nun weder sympathisch noch großzügig. Ohne das sanfte Lächeln verlor sein Gesicht jeglichen Reiz, wie auch seine Herrschaftsstrategie, die nun auf unmenschlicher Härte beruhte. Aber man hatte keine Möglichkeit, über ihn zu klagen. Häufiges Gerede über Menschen, die gefoltert worden waren, weil sie ihn beschimpft oder das Regime zu ändern versucht hatten, verbreitete eine düstere Stimmung im Land und ließ die Bevölkerung die Köpfe einziehen. Die Änderungen schritten schnell voran, und die Masse nahm sie ebenso schnell auf. Obwohl sein Bild in jedem Dorf hing, konnte man sein Gesicht nirgends leibhaftig sehen. Er wurde ein Ministerpräsident ohne Gesicht.

Seitdem versetzte jedes Mal, wenn man es beinahe vergessen hatte, das aufs Neue aktualisierte Gerücht von seinem Tod das ganze Land in einen Wirbel. Er war unzählige Male gestorben. Eine einfache Erklärung war, dass sein Gesicht nicht mehr zu sehen war. Hinter der periodischen Wiederbelebung des Gerüchts konnte aber auch der kollektive Unwille der Leute stecken, die seinen Tod wünschten. Er war nicht mehr der Führer von früher, der bei der Bevölkerung ungeteilte Zustimmung und Liebe genoss. Immer, wenn das Gerücht aufkam, bewies er allerdings sein Dasein in den Medien. Unzählige Male und niemals gestorben, war er unsterblich.

Auch diesmal war es nicht anders. Als die Gerüchte ihren Höhepunkt erreicht hatten, zeigte er sein Gesicht im staatlichen Fernsehen. Es war um 20 Uhr am 15. März, genau sechzig Stunden nach dem ersten Gerede über seinen Tod. Er las eine „Sondermitteilung an das Volk" mit ausgesprochen deutlicher Stimme vor. Hatte er auch weiße Haare und tiefe Falten, so wirkte er doch gesünder als jeder andere. Die sichere, kraftvolle Stimme und die gewohnt disziplinierte Haltung ließen keinen Verdacht aufkommen, seine Gesundheit könnte schlecht sein. Zumindest sah er nicht wie jemand aus, der seit mehreren Jahren gegen Krebs kämpfte oder auf dem Bauch einer Frau sterben könnte.

„Meine Damen und Herren. Es tut mir sehr leid, dass das unangenehme Gerede über mich Sie wiederum in Besorgnis versetzt hat.

Nach ausführlichen Untersuchungen haben wir eine äußerst bedenk-liche Tatsache herausgefunden: ein systematischer Anschlag einer subversiven Kraft soll Unruhe im Land stiften. Da die Ermittlungen über diese aufsässige Organisation schon begonnen haben, wird die Wahrheit in wenigen Tagen ans Licht gebracht sein. Ich appelliere an Sie, verehrte Landsleute, Ihr Bestes dafür zu tun, diese Unruhe zu be-seitigen und unsere Herzen wieder zu einigen ..."

Das wimmelnde Gerede verschwand auf der Stelle. Er war nicht tot.

Ein paar Tage später wurden die Mitglieder der subversiven Orga-nisation verhaftet. Ein Professor, drei Politiker und auch ein Soldat waren darunter. Sie standen unter Verdacht, mit dem feindlichen Land Kontakt aufgenommen zu haben, um die hiesige Regierung zu stürzen. Sie wurden vom Sondergerichtsausschuss zu lebenslänglicher Haft verurteilt.

Der Ministerpräsident wird nicht sterben. Die häufigen falschen Meldungen trugen ironischerweise zu diesem seltsamen Glauben bei.

Der Schriftsteller K.M.S. nahm am Abend des 15. März nur zufällig die Fernsehrede auf. Eigentlich wollte er einen Dokumentarfilm über die Umwelt am Nordpol schauen. Der Film wurde als Jubiläums-Sondersendung angekündigt, mit der die Errichtung des Studios vor etlichen Jahren gefeiert werden sollte; das genügte, um sein Interesse zu wecken. Die Ausstrahlung war für 19 Uhr 40 angesetzt. Aber er musste am Abend unerwartet ausgehen. Sein Telefon klingelte gegen 18 Uhr; eine Frau, deren Angebot sich zu verabreden er nicht ableh-nen konnte. Sie war seine Geliebte, ihr Ehemann war ein hoher Be-amter. Ihr Mann sei auf Dienstreise, so habe sie eine freie Nacht. Es war nicht seine Art, sich eine solche Chance entgehen zu lassen. Die Aufnahme im Videorecorder programmiert, ging er aus dem Haus.

Als er zurückkam, war schon der nächste Tag, am frühen Morgen gegen 8 Uhr 30. Er war allein. Zur selben Zeit befand sich seine Freun-din allein auf dem Heimweg. Nachdem er in warmem Wasser gebadet hatte, trank er eine Tasse schwarzen Tee. Vor seiner Haustür lagen zwei Zeitungen, die eine las er im Badezimmer, die andere beim Teetrinken am Tisch. Da die beiden kaum unterschiedliche Themen behandelten, gab es in der zweiten für ihn nicht mehr viel Neues. Daran gemessen, las er sie ziemlich ausführlich. Auf der ersten Seite war ein großes Foto gedruckt, das den Ministerpräsidenten von Kopf bis Fuß zeigte. Es war in beiden Zeitungen das gleiche: er las am Tisch sein Manuskript. Auf dem Foto war hinter seinem Rücken ein vergrößertes Bild der aus dem Meer emporsteigenden roten Sonne zu sehen. Sogar der Titel war ähnlich. Der eine lautete: „Der Ministerpräsident: Seine Sonderrede ans Volk", der andere: „Sonderrede des Ministerpräsidenten ans Volk". Für den Autor keineswegs interessant, überflog er sie und blätterte zur Kulturseite weiter. Dort fand er jedoch auch nichts, was er für lesenswürdig hielt. Ein Interview mit einer Schriftstellerin, deren Romane Bestseller wurden, beachtete er nicht. Er hatte hochmütige Vorurteile gegen den populären Geschmack von Autoren, die Reißer hervorbrachten. Da er selber zu genau wusste, dass er nie einen würde schreiben können, beschimpfte er sie hemmungslos als literarische Tagelöhner, die sich vor dem Kapitalismus erniedrigten. Zwar zeigte er seinen hochfahrenden Stolz diskret, indem er behauptete, er könnte ohne jedes Problem einen solchen Roman schreiben, wenn er nur wolle. Aber selbst wenn er wiedergeboren würde, er hätte das nicht wirklich gekonnt – das war ihm völlig klar. Anderen gegenüber hätte er es nie zugegeben, aber es fehlte ihm jedes Gespür für Popularität; sein alter Komplex. Er versuchte ihn durch giftige Angriffe gegen seine erfolgreichen Kollegen zu verbergen, die das hatten, was ihm fehlte. Seine Prahlerei, allein der Heilige zu sein, war freilich ungeschickt, wurde denn auch häufig von Kollegen entlarvt und erweckte zuweilen Mitleid.

Wonach er an jenem Tag am längsten und konzentriertesten in der Zeitung suchte, waren Kaufhausangebote und Kinoprogramme. Auf einem Zettel notierte er: Kaufhaus YQ, Angebot bis zum 19., kleines Aufnahmegerät 60% reduziert. Und auf einem anderen: „Niemand rief sie an", Kino RT – 11:00, 13:30, 16:00, 18:30, 21:00. „Fallende Blume der Nacht", Kino DF – 11:00, 13:00, 15:00, 17:00, 19:00, 21:00. Er dachte schon lange daran, ein kleines Aufnahmegerät mit Radioempfänger zu kaufen. Die Kinoprogramme notierte er, weil ihm die gestrige Verabredung mit ihr einfiel. Sie wollten am Wochenende ins Kino gehen, dafür musste er einen Film aussuchen und ihr seine Entscheidung mitteilen.

Erst danach kam ihm „Die Umwelt am Nordpol" in den Sinn. Als wäre er dankbar, weil ihm sonst nichts mehr einfiel, sprang er auf und ging zum Videorecorder. Er spulte zurück, schaltete den Fernseher ein und drückte den Wiedergabeknopf. Sein Oberkörper tauchte bis zu den Schultern in den weichen, tiefen Sessel. Da erschien eine Werbung für Orangensaft. Er ließ sie mit der Fernbedienung schnell laufen. Lautlos eilten die Bilder vorüber. Nach einer Werbung für Kosmetika wurde die Übertragung eines Kampfs angekündigt: Ein Boxchampion werde zum siebten Mal seinen Titel verteidigen. Dann kamen plötzlich Nachrichten. Laut Programm hätte nun die Sendung „Die Umwelt am Nordpol" beginnen müssen. Warum Nachrichten? Soweit er sich entsinnen konnte, mussten sie danach kommen. Er überlegte, ob er vielleicht eine falsche Zeit eingegeben hatte. Er konnte sich nicht genau erinnern und es nicht ausschließen. Da sah er eine Reihe von Buchstaben wie ein Band unten rasch durchlaufen. Sie erschienen rechts und verschwanden blitzschnell nach links. Um sie genau lesen zu können, spulte er zurück. Wo das Schriftband begann, drückte er auf Wiedergabe.

Das Spezialprogramm anlässlich des 15. Jubiläums der Studioeröffnung, „Die Umwelt am Nordpol", das für 19:40 vorgesehen war, wird wegen der Liveübertragung einer Sonderrede des Ministerpräsidenten verschoben. Seine Rede wird um 20 Uhr gesendet. Sobald sie beendet ist, wird „Die Umwelt am Nordpol" anfangen.

Das Programm ab 20 Uhr: 20:00 – Die Sonderrede des Ministerpräsidenten, 20:30 Die Umwelt am Nordpol, 21:50 Miniserie: Liebe des Mannes, 22:50 Bürgerplatz: Unterwassergarten – wie man darü-

ber denkt, 23:40 Nachtsport: Höhepunkte des Profi-Basketballs, 00:30
Nachrichten
Viel Vergnügen beim Zuschauen
Er hatte die Zeit von 19 Uhr 40 bis 21 Uhr für die Aufnahme
eingegeben. Da das Programm sich geändert hatte, wurde die ganze
Rede aufgenommen und von der gewünschten Sendung nur dreißig
Minuten.

„Verdammt."

Er schimpfte. So was interessierte ihn doch nicht! Seinetwegen
konnte der Ministerpräsident tot sein oder auferstehen – K.M.S. gehörte zu den Leuten, denen das egal war. Aber nicht aus Mangel an Reflexion war er gegenüber allem Politischen, den Ministerpräsidenten
eingeschlossen, derart gleichgültig. Es war seine Art, seine Abneigung
gegen die hoffnungslose politische Lage auszudrücken. seine Abneigung gegen die hoffnungslose politische Lage aus. Es war die aktivste
Protestweise, die einer Person wie ihm möglich war. Als die Welt sich
über den Tod des Ministerpräsidenten aufregte, zog er sich in sein
Haus zurück. Über die Fernsehbilder von jener erregten „drei-Millio-
nen-Demonstration", auf der der Ministerpräsident zum Lebenden
erklärt wurde, spottete er höhnisch. Instinktiv musste er die Unsinnig-
keit des Gerüchts durchschaut haben. Das aufgeregte, geschwätzige
Reden mal über den Tod, mal über das Leben des Ministerpräsidenten
ließ ihn gleichgültig. Die letzte Nacht, als der Ministerpräsident seine
Sonderrede hielt, verbrachte er in einem Hotelzimmer mit einer ver-
heirateten Frau im Arm. So einer war er.

Da war es auch folgerichtig, dass er den Inhalt der Rede ohne Re-
gung in der Zeitung überflogen hatte. Es gab keinen Grund, sich dafür zu interessieren. Er nahm wieder die Fernbedienung und ließ das
Band schnell vorlaufen. Der seiner Stimme beraubte Ansager bewegte
nur noch den Mund unanständig auf und zu. Diese Szene erweckte in
ihm die Assoziation eines Fischs ohne Wasser, der nach Luft schnapp-
te. Die Nachrichten dauerten nicht lange. Danach kamen fünf Werbespots: Kühlschränke, Autos, Holzmöbel, Kopfschmerztabletten

und Tiefkühl-Pizza, anschließend staatliche Verkehrserziehung und dann wieder die Ankündigung des schon erwähnten Boxkampfs. Gedankenlos schaute er auf die Bilder, die rasch vor seinen Augen verschwanden. Danach wieder fünf Werbespots, diesmal Bier, Rasierapparate, Kaffee, Freizeitschuhe und automatische Kameras. Unmittelbar danach begann die Sondersendung. Der Ministerpräsident tauchte auf dem Bildschirm auf. Plötzlich, unbewusst, drückte der Schriftsteller die Fernbedienung. Die Bilder bekamen wieder Stimme und auch normales Tempo. Warum, wusste er selber nicht. Vielleicht hatte ihn das sinnlose Zugucken gelangweilt. Hatte er unwillkürlich seine Finger bewegt? Diese Ausrede war nicht überzeugend. Lag es nicht doch an dem Ministerpräsidenten auf dem Bildschirm? Obwohl K.M.S. ihn als uninteressant abgetan hatte, war er ja immerhin Oberhaupt des Landes, und dazu eine rätselhafte Person, deren Leben und Tod bei der Bevölkerung häufig Aufregung stiftete, und deren Gesicht man kaum je zu sehen bekam. Höchstens ein- oder zweimal im Jahr zeigte er sich im Fernsehen, bei wichtigen Anlässen. Unmerklich wurde er bei der Bevölkerung zu einem mythischen Wesen. Selbstverständlich war man dann immer neugierig, seine Gestalt und seine Stimme direkt zu hören. Selbst K.M.S. war nicht frei davon.

Allerdings hörte er der Rede nicht zu, nicht nur weil der Inhalt ihm schon bekannt war, sondern auch weil er sich blitzartig erinnerte, wie grausig es war, solchen abgedroschenen politischen Phrasen zuzuhören. Er wünschte aber doch die mächtige Herrschergestalt zu beobachten, die eben über die Fernsehkanäle ausgestrahlt wurde. Vielleicht eine Art literarischer Neugierde. Er stellte das Gerät ganz leise ein, um sich auf das Bild zu konzentrieren.

Die Kamera stand an einem Ort fest. Während der ganzen zehn Minuten der Rede änderte sich ihre Perspektive nicht. In der Mitte des Bildschirms sah man den fast bewegungslosen Körper des Ministerpräsidenten im Ganzen. Im Kontrast zu den anderen Programmen mit ihren farbenfrohen, beweglichen Bildern schien die Inszenierung veraltet, langweilig, archaisch. Der Ministerpräsident trug einen schwarzen

Anzug, seine Stimme war wie immer selbstsicher und sein Verhalten diszipliniert. Vielleicht lag es an der Farbe des Anzugs, dass der Auftritt wie eine Trauerrede wirkte, vielleicht daran, dass der Ministerpräsident sich ab und zu vorbeugte, um das Manuskript zu lesen. Da es dem Autor auf einmal vorkam, als läse der Ministerpräsident wie bei seiner eigenen Beerdigung vor, lächelte er verlegen. Aber dieser Gedanke verschwand gleich wieder. In seinem Bewusstsein nistete sich schleichend ein überraschender, deutlicher Eindruck ein: Der Präsident spielte vor. Das hieß aber nicht, dass er unnatürlich wirkte. Ganz im Gegenteil: Es war zu natürlich, als ob ein gut geübter Schauspieler auf der Bühne seine Dialoge und Gesten vorführte. Beispielsweise hob er seine fest geballte rechte Faust bis in Augenhöhe, streckte sie dann nach vorn und starrte für einen Moment unbewegt in die Kamera, als er sagte: „Bürgerinnen und Bürger! Wir brauchen eine mächtige, konzentrierte Macht! Nur so können wir uns gegen die Aktivitäten der subversiven Kräfte effektiv verteidigen. Merken Sie sich: Der Gegner ist jederzeit bereit, Unruhe zu stiften und zu zerstören!" Eine solche Szene kam K.M.S. gespielt vor. Allerdings handelte es sich um eine Geste, die den Leuten sehr vertraut war und die er schon oft und von Anfang an gezeigt hatte. Eine solche Bewegung ließ auf starken Willen und Selbstsicherheit schließen. Die Leute erwarteten Unermessliches von ihm und schenkten ihm endloses Vertrauen. Sie folgten seinem starken Willen und seinem Glauben, die durch den selbstsicheren Gestus ausgedrückt wurden. Wieso interpretierte K.M.S. dies anders? Lag es an der grenzenlosen Freiheit der menschlichen Phantasie? Wer konnte schon die Phantasie wegschließen oder einzäumen? Und gerade die eines Autors!

Eine seltsame, fiktive Welt sog K.M.S. ein, während er auf den Bildschirm starrte. Ihn faszinierte die Rückseite des Lebens, oft ließ sie ihn unerwartet in Tagträumerei und sogar halluzinative Zustände verfallen. Man sagte, vielleicht nicht zu Unrecht, dies liege daran, dass er ein Autor sei. Mochte es bei anderen Autoren sein, wie es wollte: seine Romane zumindest waren fast alle Produkte der Halluzination.

Darum wohl beschrieb die Kritik seine Werke als phantastischen Realismus oder als ernsthafte Erforschung unrealistischer Welten.

Da jetzt ungewollt ein Geheimnis seiner Arbeitswerkstatt genannt wurde, kann man gleich noch mehr verraten: Wo er ist, gibt es immer Zettel. Die Papierstückchen, etwa zwei Handflächen groß, sind auf dem Tisch verstreut und befinden sich auch in seiner Hosentasche, im Taschenkalender und in Büchern, die er gerade liest. Wenn er in Tagträumerei verfällt, werden die Wörter notiert, Wörter, die manchmal bewusst, aber meist in benommenem Zustand geschrieben sind. Letzterer Fall lässt überzeugendere Welten entstehen. In seinem Zimmer wimmelt es von unzähligen Zetteln voller Ideen in der überraschenden, erstaunlich phantastischen Sprache der Träume. Allerdings darf niemand das Zimmer betreten. Eigentlich nicht besonders wählerisch, hasst er es, seine Werkstatt den anderen zu öffnen. Diese Zettel bilden sozusagen die Grundgestalt seiner Produktionen. Hat er etwas Zeit, spielt er damit herum und liest hier und dort. Dabei kristallisiert sich heraus, welche der Papierstücke bedeutend sind. Danach begibt er sich damit zum Computer. Es dauert dann nicht mehr lange, bis ein Werk entsteht.

Dass die Romane von K.M.S. alle die Realität seltsam verformen oder auf einer Welt außerhalb der Realität beharren, liegt daran, dass er ihre Gerüste aus Träumen holt. Nicht sein Bewusstsein, sondern sein Unterbewusstsein schreibt die Romane. Seine Bücher, entwachsen aus Unbefangenheit, aus dem Magischen und der Frechheit des Unterbewussten, werden ebenso unbefangen, magisch und frech. Zwar gesteht er es nicht direkt ein, aber ohne diese unsichtbar führende Hand der Träume könnte er keinen einzigen Roman schreiben. Insofern ist er ein unglücklicher Autor und ebenso ein glücklicher.

Als er aus dem Traum erwachte, strahlte der Bildschirm „Die Umwelt am Nordpol" aus. Er beachtete die Sendung nicht, sondern las die voll gekritzelten Zettel. Da der Inhalt, den seine Hand schrieb, bis zu diesem Moment niemals bis zu seinem Bewusstsein gedrungen war, erschrak er sehr beim Entziffern der Schrift.

„Misstrauen. Wesen des Ministerpräsidenten suspekt. Möglichkeit, dass er vorspielt. Sein Spiel ist perfekt. Aber das perfekte Spiel beweist perfekte Künstlichkeit. Wer vorspielt, verkörpert seine eigene Identität. Hamlet im Theater ist der Berufsschauspieler mit Namen X, der Hamlet spielt. Setzen wir voraus, der Schauspieler X sei ein Berufsschauspieler, der den Ministerpräsidenten spielt, so ist er nicht der Ministerpräsident selbst. Wo bleibt er?

Vermutung 1: Er hat von Anfang an nicht existiert. In diesem Fall stirbt er auch nicht. Sein Wesen ist ausschließlich eine für die Einigung des Volkes erfundene Gestalt. Ein von vornherein nicht existierender Geist. Jetzt tritt er nicht so oft wie früher in der Öffentlichkeit auf, weil sein Einfluss abgeschwächt ist und auch, weil die Notwendigkeit der Manipulation rapide geschrumpft ist. D. h. er verliert die Notwendigkeit seiner Existenz. In absehbarer Zeit wird es ihn genauso wenig geben wie vor seiner Erfindung.

Vermutung 2: Er existierte. Aber stellen wir uns vor, es gibt ihn jetzt nicht mehr. Er ist schon lange verschwunden. D. h. gestorben. In diesem Fall müsste er ermordet worden sein. Sein Tod ist von den Mördern auf geschickte Weise verdeckt worden. Zwar beseitigten sie ihn, hielten es aber weder für richtig noch für ungefährlich, sein Image zu vernichten. So setzten sie eine raffinierte Idee um: Für die Präsidentenrolle wurde ein Schauspieler gemacht. Sein Gesicht wurde korrigiert; durch langes Üben lernte er Körper-, Sprechhaltung und Gestus imitieren. Wenn nötig, spielte er den Ministerpräsidenten.

Egal, welche Vermutung zutrifft, eins ist klar: Den Ministerpräsidenten gibt es nicht. Aber seine Abwesenheit darf aus irgendeinem Grund noch nicht bekannt gemacht werden. Der konkreteste Grund ist: weil seine Abwesenheit bisher nicht bekannt war. Warum? Weil bestimmte Personen oder Kräfte es nicht wollten. Wer das Recht hat, etwas bekannt zu machen, hat auch das Recht, etwas nicht bekannt zu machen.“

K.M.S., erschrocken von seinen Notizen, konnte sich nach dem Erwachen aus dem Tagtraum eine Zeit lang nicht bewegen. Ratlos und verwirrt. Mehrmals ging er den Inhalt der Notizen durch. Dann nickte er immer wieder. Das ist großartig! Eine faszinierende Vermutung, wiederholte er. Im Fernseher lief immer noch „Die Umwelt am Nordpol". Aber er schaute nicht hin. Um seine Gedanken zusammenzuhalten, sprang er auf und stieß seinen Kopf einige Male gegen die Wand. Dann spulte er die Videokassette zurück.

Sorgfältig beobachtete er den redenden Ministerpräsidenten von Anfang an. Unter der neuen Voraussetzung betrachtet, verstärkte sich sein Gefühl, der Politiker spiele. Seine Phantasie bewegte sich in eine Richtung. Der Eindruck, da spiele ein erfahrener Schauspieler, war unvermeidbar. Wie dieser Eindruck entstand, war nicht klar. Nur vage. Es genügte nicht. Nachdem er das Video dreimal angeschaut hatte, traf er eine Entscheidung. Eilig kleidete er sich an und ging aus dem Haus.

Er fuhr zur Bibliothek am Stadtrand. Bis sie geschlossen wurde, genau acht Stunden am Stück, durchsuchte er alte Zeitungen, Zeitschriften, Bilder, staatliche Informationsmaterialien. Lediglich zweimal verließ er seinen Platz: einmal, um zur Toilette zu gehen, das andere Mal, um mit Hamburgern und Kaffee den schon lange leeren Magen zu trösten. Sein unerwarteter Fleiß: ein Beweis dafür, dass K.M.S. ahnte, aus diesem Stoff könne ein Roman werden. Eine andere Vermutung wäre zwar erlaubt, aber falsch. Spürte er eine Idee für einen Roman, pflegte er sich nur auf die Arbeit zu konzentrieren. Er traf kaum Menschen, schlief kaum, aß sogar kaum. Der Schaffensprozess drängte sich in eine kurze Zeit; wenn alles beendet war, faulenzte er wieder und tat nichts. Warum wird dies erzählt? Um zu sagen, dass er keine anderen Motive oder Absichten hatte, etwa politische. Auch um zu verdeutlichen, dass er fast nur beim Romanschreiben wie gefesselt arbeitete. Etwas ganz Heißes, ihn Motivierendes fesselte ihn. Unterdrückt von innerer Energie, die zu explodieren drohte, musste er sich auf die Arbeit konzentrieren. Als die Bibliothek schloss, verließ er sie, die Hände voller Kopien ungelesener Materialien. Die ganze Nacht hindurch las er und studierte sie. Er strich die Stellen an, die ihm wichtig vorkamen und schrieb sie auf Zetteln ab.

Kurz vor dem Sonnenaufgang auf dem Sofa eingeschlafen, schreckte er auf, als es klingelte. Keine Lust abzunehmen. Er griff nur kurz nach dem Hörer und legte gleich wieder auf. Sofort klingelte es wieder. Äußerst verärgert schmiss er den Hörer einfach zu Boden. Nun baumelte der Hörer an der Schnur in der Luft. Man hörte jemanden im Telefon sprechen, jedoch sirrte es nur wie eine Mücke. Unbekümmert schwankte er mit geschlossenen Augen ins Schlafzimmer und fiel aufs Bett. Er schlief. In seinen Schlaf trat der Ministerpräsident. Er wirkte alt und kraftlos, hielt die Hand des Autors, und Tränen liefen ihm über die Wangen. Er sagte etwas, aber kein Wort war zu verstehen. Kein Laut kam aus ihm heraus, weil jemand seine Zunge festhielt: Während er den Mund aufmachte, drang eine große schwarze Hand in ihn hinein und packte seine Zunge. Aber die Hand war seine eigene. Ihr Besitzer schien jung und kräftig. Mal waren der junge Ministerpräsident und der alte deutlich voneinander abgesetzt, mal überlappten sie sich: dieselbe Person, dann verschieden, dann schon wieder dieselbe. Es verursachte Schwindel, war chaotisch. Irgendwann löste sich schließlich die Gesichtshaut des Präsidenten ab. Da fiel das Gesicht wie ein verfaulter Baumstumpf hin, und sofort wurde es hässlich schwarz.

Es klingelte laut an der Tür, gerade als er träumte, dass der grauenhaft verfaulte Leichnam des Präsidenten aufsprang und laut vortrug. Man konnte nichts vom Inhalt der Rede verstehen. Was aus dem Mund zu hören war, war keine menschliche Stimme. Es klang kreischend, als würden Eisenstücke aneinander gerieben. Vom Netz des Traums noch nicht ganz befreit, zitterte er vor dem plötzlichen Klingeln, das sich mit der Rede vermischte. Was für ein unsinniger Alptraum. Erst die Menschenstimme, die dem Klingeln folgte, machte ihm klar, dass er geträumt hatte. Vor der Tür brüllte jemand, ernst klang es aber nicht „Mach schnell auf, mein Freund. Ich weiß schon, du bist da drin. Mach schon auf! Sonst tret ich dir die Tür ein!" Er wusste, wer das sein musste. Ohne dass er einen Grund hätte nennen können, fühlte er Dankbarkeit für diese Stimme.

Der Besucher war sein Freund L.P.Y., der Lektor des Verlags, bei dem er unter Vertrag stand. Für diesen Morgen hatte L.P.Y. eigentlich eine Verabredung mit dem Autor. Vier Tage zuvor hatte er K.M.S. angerufen, um einige Fragen über den Roman zu klären, den dieser im vorigen Monat abgeliefert hatte. So versprach K.M.S., am Vormittag des 17. März beim Verlag vorbeizuschauen. Das war heute. Der Lektor rief den Autor vom Büro aus an, nachdem er umsonst auf ihn gewartet hatte. Da der Hörer kurz abgenommen und wieder aufgelegt worden war, war ihm klar, dass jemand zu Hause war. Nachdem der Freund mehrmals vergebens angerufen hatte, entschloss er sich, K.M.S. zu Hause aufzusuchen. Die Angelegenheit war nicht mehr aufzuschieben, denn er hatte im Manuskript ernsthafte Schwächen gefunden. Nun musste er den Autor zu Korrekturen überreden, ohne ihn zu kränken. Das Publikationsdatum stand schon fest. K.M.S. hatte seine Verabredung völlig vergessen. So sehr L.P.Y. ihm in diesem Punkt misstraute, K.M.S. hatte das Treffen nicht vermeiden wollen. Wenn unbedingt ein Grund genannt werden muss: Wegen seines übermäßigen Interesses am Leben des Ministerpräsidenten hatte er den Termin vergessen. Bei ihm bedeutete ja die Konzentration auf eine Sache das vollkommene Aus für alles andere.

L.P.Y. tadelte den Autor unerwartet scharf, nachlässig sei er, und unzuverlässig. Die Kalkulation war, für die Diskussion über das Manuskript eine vorteilhafte Position zu gewinnen. Gegen den angeborenen Starrsinn der Autoren und deren übertriebene Liebe zu den eigenen Manuskripten die objektive Meinung des Lektors durchzusetzen, war immer eine delikate Angelegenheit, so als ginge man auf Glatteis. Die Autoren brachten für die Position des Lektors, der sich nicht nur um die Perfektion des Werkes, sondern auch um dessen Verkauf kümmern musste, wenig Verständnis auf. Es änderte gar nichts, wenn der Lektor sein Freund und ihm in jeder anderen Hinsicht vertraut war. Deshalb versuchte der Lektor selbstverständlich, vor der

Diskussion eine möglichst vorteilhafte Situation herzustellen. Der kalkulierte Tadel aber brachte K.M.S. dazu, sich mit dem zu rechtfertigen, was am vorigen Tag geschehen war. Wäre er nicht so hart bedrängt worden, hätte er bestimmt nichts von seinem neuen Romankonzept verraten. Er fing an zu erzählen, wie er die Rede des Ministerpräsidenten aufgenommen hatte. Nachdem er einmal zu sprechen begonnen hatte, konnte er sich nicht mehr unterbrechen. In seinem Innern bewegte sich unkontrollierbare Energie. Der Lektor war gekommen, um über den alten Roman zu sprechen, und musste sich einen unerwarteten Bericht über ein neues Romanprojekt anhören.

K.M.S. erzählte, der neue Roman werde „Vermutung über den Ministerpräsidenten" heißen. Die „Vermutung" beginne so: Es gebe keinen Ministerpräsidenten. Die Probleme, die dargestellt würden: Die Bevölkerung ließe sich ohne jeden Verdacht von jemandem beherrschen, der nicht echt sei. Wie man diese Ungeheuerlichkeit verstehen könne, wie überhaupt so etwas passieren könne, welche Kräfte die Bevölkerung betrogen hätten und wie sie dies solange problemlos geschafft hätten. Wie so etwas möglich sei. Wann es begonnen habe und ob es von Anfang an vielleicht keinen Ministerpräsidenten gegeben habe.

K.M.S. legte dem ratlosen L.P.Y. verschiedene Zeitungen mit dem Foto des Ministerpräsidenten vor. Alle Bilder des Redners in fünf Morgenzeitungen vom 16. März waren gleich. K.M.S. fragte, ob das nicht seltsam sei. Seinem Freund kam es zwar auch ein bisschen verdächtig vor, aber er hielt es für nicht besonders bemerkenswert und meinte, die Zeitungen hätten eben das gleiche Bild bekommen. Der Autor schlug leicht seine Faust gegen die Brust des Freundes und sagte völlig ernst, mit ungeahnt zufriedenem Lächeln:

„Das ist's ja eben! Die Journalisten fotografierten nicht, sondern sie bekamen die Bilder vom Ministerium. Das heißt, sie haben zwar geschrieben, aber sie konnten den Ministerpräsidenten nicht selber sehen."

L.P.Y. zeigte sich ein wenig interessiert. Trotzdem vertraute er nicht ganz der Phantasie des Autors. Ob er einen Roman schreibe?, fragte er. Darauf nickte der Autor, als ob er die Frage schon erwartet habe. Die Existenz des Ministerpräsidenten biete ihm zu seiner Überraschung einen reizvollen Romanstoff. L.P.Y. machte darauf aufmerksam, dass der Ministerpräsident nicht nur in der Zeitung abgebildet, sondern auch im Fernsehen aufgetreten war. Als habe er auch auf diese Frage gewartet, fragte der Romancier zurück, ob nicht auch, obwohl das noch nicht nachweisbar sei, die drei Fernsehprogramme dieselbe Aufnahme ausgestrahlt haben könnten? Falls das so wäre, und er glaube fest daran, bedeutete das: auch die Kassette mit der Rede habe das Ministerium ans Studio geschickt. Die unflexibel altmodische Kameraeinstellung sei das erste Indiz. Das zweite sei, dass das Gesicht des Ministerpräsidenten während der zehnminütigen Rede kein einziges Mal als Nahaufnahme gezeigt worden sei, fügte er hinzu. Der Lektor hörte immer aufmerksamer zu und sagte, dies sei kein Roman ... Der Autor wehrte mit den Händen ab.

„Nein, es ist mein Roman und bloß ein Roman."

Der Autor holte noch andere Materialien herbei. Darunter waren auch drei Zeitungen mit dem Foto des Ministerpräsidenten. Es war dasselbe, das in der Zeitung vom 16. März zu sehen war. Auf die Frage des Lektors, ob sie von gestern seien, schüttelte er den Kopf.

„Nein, so unglaublich das ist: sie sind vom 23. Mai letzten Jahres. Was meinst du dazu?"

L.P.Y. war schon in die Bahn gelenkt, in der sich die Gedanken des Autors bewegten. Er versuchte, das Problem ernsthaft zu erfassen und fragte, wie so etwas möglich sei, was das überhaupt bedeute. Der Autor reagierte unerwartet, eher gleichgültig, und erklärte, es sei einfach zu erklären, wenn man sich vorstelle, dass die Presse dasselbe Fotomaterial verwendet habe. Nach einer Anweisung des Ministeriums könne nur dieses eine Foto zugänglich gewesen sein. Er riet dem Lektor sogar, er solle sich nur nicht umsonst aufregen. Er war wie ein Mann mit grausiger Maske, der den anderen erschreckte und dann sofort die

Maske abnahm, um sich über den schwachen Mut des Ängstlichen lustig zu machen.

„Ein für alle Mal, ich schreibe nur einen Roman, weißt du?"

Außerdem zeigte K.M.S. noch einiges von dem, was er gefunden hatte. Darunter war ein Buch, „Renne in die Zukunft", neun Jahre zuvor gedruckt, das das Leben des Präsidenten von Kindheit an darstellte. K.M.S. machte auf ein Foto darin aufmerksam, das den Vater des Ministerpräsidenten zeigen sollte. Der Mann mochte ungefähr Mitte sechzig sein. Der Schriftsteller hob die Glatze des Vaters hervor und wies auf das Foto in den neuesten Zeitungen hin, das den Ministerpräsidenten ohne Glatze zeigte.

„Die Glatze wird vererbt", sagte er und fügte hinzu: „Allerdings, man kann ja auch eine Perücke tragen. So was ist sehr gut möglich."

Die undurchsichtige Gesprächsstrategie des Autors, der sich ständig selbst widersprach, verwirrte L.P.Y. vollends. Es wurde auch nicht besser, als K.M.S. den Artikel einer ausländischen Zeitschrift kommentierte, die den Präsidenten als „das einzige Staatsoberhaupt, das in den letzten zehn Jahren keine Reise ins Ausland unternommen hatte", darstellte: Da ein Staatsoberhaupt nicht unbedingt reisen müsse, sei dies keine Sünde, argumentierte er. Außerdem habe der Ministerpräsident schon mehrfach in der Heimat Gipfeltreffen mit einigen ausländischen Staatschefs organisiert. Auf diese Weise habe er dem Verdacht entgehen können. Aber gerade deshalb und um so mehr rege der Artikel unendlich seine Phantasie für einen Roman an. L.P.Y. war zuletzt so desorientiert, dass er nicht mehr zu unterscheiden fähig war, ob K.M.S. wirklich einen Roman schreiben oder ob er sich unter dem Vorwand des Romanprojekts in eine lebensgefährliche politische Affäre stürzen wollte.

Der Lektor erreichte das Ziel seines Besuchs nicht. K.M.S. brach wieder auf, um noch fehlende Materialien in der Bibliothek zu suchen. Flüchtig auf einen anderen Termin verwiesen, wurde der ratlose Lektor hinausgeworfen.

Aber eigentlich brauchte K.M.S. keine weiteren Informationen.

Er besaß schon genug davon. Nun war die Phantasie dran. Oder nein, vielleicht wollte er von Anfang an nicht auf Fakten angewiesen sein. Wie schon erwähnt, sein Roman war das Produkt eines Tagtraums. Darauf beruhte das Geheimnis seiner Romanwelt, die dafür bekannt war, wie in ihr mit unerhörter Phantasie die Realität völlig verformt wurde. Wie kann man sich dann erklären, dass er zur Bibliothek hetzte und die Nacht hindurch arbeitete? Die Antwort ist einfach: Sein Verhalten gehörte auch zum Tagtraum: Er bewegte sich wie im Traum.

K.M.S. schrieb: „Er war tot." Nach einer Pause weiter: „Die schockierende Nachricht verbreitete sich von Mund zu Mund."

„Er war tot. Die schockierende Nachricht verbreitete sich von Mund zu Mund. Diesmal tauchte das Gerücht zuerst an der Börse auf. ‚Diesmal' sage ich, weil es so ein Gerede schon mehrfach gegeben hatte. Er lebte immer wieder, nachdem das Gerücht ihn schon ein paar Male zum Tode verurteilt hatte. Glaubte man dem, was man frühmorgens an der Börse hörte, so war er am Tag davor, also am 12. März, um 23 Uhr 35 im Schlaf ruhig gestorben, Todesursache Magenkrebs. Man ergänzte, er habe lange gegen den Krebs gekämpft. Das Gerücht war ziemlich konkret und voller Einzelheiten. Seine Frau, zwei Söhne, drei Hausärzte und zwei Sekretäre hätten sein sterbendes Antlitz gesehen ..."

K.M.S. ließ dann einen Berufsschauspieler auftreten. Der Vorgang, wem dieser Schauspieler gefiel und auf welchem Weg er zum Imitator des Ministerpräsidenten wurde, bildete das Gerüst des Romans. War er dem Ministerpräsidenten ähnlich? Nicht unbedingt, schrieb K.M.S. Der Schauspieler war namenlos, eitel und strebte lediglich nach Erfolg. Vor seiner politischen Rolle hatte er weder einen eigenen schauspielerischen Charakter ausgebildet noch irgendeine Chance dafür gehabt. Noch nie hatte er mit seinem eigenen Namen auf einer großen Bühne gestanden. So hatte sich sein Name kaum ins

Gedächtnis der Bevölkerung eingeprägt. Um zu überleben, hatte er nachts in Clubs gefällige Auftritte, vor allem imitierte er berühmte Schauspieler oder Komödianten. Man applaudierte begeistert seiner hervorragenden Nachahmungskunst. „Ausgezeichnet!", „treffend!", riefen die Leute und lachten und klatschten. Sein Gesicht wie seine Figur wurden in mehreren langen Operationen geändert, die sechs Monate in Anspruch nahmen. Stimme und Gesten lernte er dank seines ausgeprägten Imitationstalentes perfekt nachahmen. Der Schauspieler wurde zum Ministerpräsidenten. Als Ministerpräsident neu geboren, begann er so zu leben. Er fragte sich manchmal, was eigentlich seine wahre Existenz ausmachte. Er vergaß sogar ab und zu die Tatsache, dass er spielte. Sein Leben war Schauspiel, das Spiel eben sein Leben.

Seit wann trat diese Kopie auf, und was war der Hintergrund? K.M.S. konstruierte Auseinandersetzungen unter den Machthabern, nachdem der Ministerpräsident zehn Jahre regiert hatte. Es gab eine scharfe Konkurrenz zwischen den Leuten in seiner Umgebung, denn der Ministerpräsident deutete bei jeder Gelegenheit an, er wolle zwei Jahre später zurücktreten, wenn seine Amtszeit zu Ende gehe: Es sei nicht gut, wenn eine Person zu lange das Amt besetze, vor allem habe er schon sein Bestes in dieser Funktion getan.

Die geheimen Fehden zwischen seinen Leuten, die die Macht übernehmen wollten, führten schließlich zum blutigen Unglück. K.M.S. konzipierte die Handlung so, dass die Sieger eine Gewaltherrschaft errichteten. Nun benötigten sie einen Ersatz für den Ministerpräsidenten, um weiterhin Einfluss auf die Bevölkerung ausüben zu können. Ihre Kalkulation war, eine Weile sein Image auszunutzen und so effektiv zu regieren. Selbstverständlich konnte seitdem die Bevölkerung sein Gesicht in der Öffentlichkeit nicht mehr sehen. Als Nachwirkung lief freilich oft das Gerücht über seinen Tod um. Dieser Prozess verwandelte sein Image in erstaunlichem Maß. Er war nicht mehr der erfahrene Politiker mit Führungskraft und menschlicher Würde, sondern ein fürchterlicher Tyrann, der ein eisernes Regiment führte. Sie brauchten die Tyrannei ebenso, wie das frühere Image für eine erfolgreiche Regierung nötig gewesen war. Die Kräfte, denen nun das neue Image nützte, mobilisierten ihre Leute und prägten so der öffentlichen Meinung ein: Der Tod des Präsidenten sei weder wahr noch möglich. Sie sagten immer das Gleiche: Der Ministerpräsident sterbe nicht.

Worüber sich K.M.S. den Kopf zerbrach, war die Frage, was aus dem Ministerpräsidenten geworden war. Wo war er? War er gestorben, oder lebte er irgendwo? Er könnte ihn sterben lassen, aber die Idee, ihn leben zu lassen, wäre ebenso gut. Welche Version wäre sowohl natürlicher als auch schockierender? Natürlicher wäre es, ihn sterben zu lassen. Andererseits glaubte er einen größeren Schock erregen zu können, wenn der Ministerpräsident lebte und K.M.S. sein Leben als letzte Karte ausnutzte. Das Ende des Romans hing davon ab, welche Variante er wählte. Allerdings handelte es sich nicht bloß um das Ende. Der Ausgang würde Thema und Inhalt des ganzen Romans beeinflussen. K.M.S. stand vom Tisch auf und ging im Zimmer herum, während er innerlich zwischen den beiden Möglichkeiten wanderte. Zu keiner Seite war sein Herz hingezogen.

Irgendwann klingelte es. Wie gewöhnlich öffnete er nicht. Ihm machte es nichts aus, ob es klingelte oder nicht. Genauer gesagt, seine Ohren nahmen das Klingeln nicht einmal wahr. Er bemerkte es auch nicht, als die Leute, vom Klingeln ermüdet, geschickt selbst die Tür entriegelten und hereinkamen. Zwei junge Männer mit ordentlichen Anzügen und Krawatten und ein etwas älterer, ebenso gekleideter Mann machten die Tür des Arbeitszimmers auf. Sie entschuldigten sich höflich, dass sie selber die Tür geöffnet hätten, der Hausherr habe es ja versäumt. Mit dem selbstverständlichen Recht des Wohnungsbesitzers fragte K.M.S., wer sie seien. Darauf antworteten sie nicht. Stattdessen ließ sich der Ältere auf einen Stuhl fallen, und seine Stimme traf den Autor wie ein eiskalter Wind:

„Ab jetzt dürfen Sie nicht mehr fragen. Nur antworten."

K.M.S. lachte laut, um zu zeigen, dass dies Unsinn sei.

„Lachen ist frei. Bloß keine Frage. Fragen stellen wir", so sagte der

Mann, völlig ernst. Währenddessen durchsuchten die jüngeren Männer das Arbeitszimmer. Sie fanden das Manuskript auf dem Tisch, die in der Bibliothek kopierten Materialien und Bücher. K.M.S. protestierte, was solle denn das? Der auf dem Stuhl erinnerte ihn mit seiner kalten Stimme daran, dass er keine Frage stellen dürfe. Die Männer verwandelten mittlerweile das Wohnzimmer in ein Chaos. Anderthalb Stunden nach ihrem Eindringen war seine Wohnung zu einem Müllhaufen geworden. Sie luden drei Bündel mit bei ihm gefundenen Papieren in den Wagen, den sie schon bereitgestellt hatten. Auch den Autor ließen sie einsteigen. K.M.S. wurde zwei Tage lang an einem unbekannten Ort festgehalten. Kein einziger Lichtschein, nicht eine Scheibe Brot kamen herein. Vom dritten Tag an wurden ununterbrochen Fragen gestellt. Sie drehten sich um die Quelle seiner Informationen und um ihren Verwendungszweck. Die Vernehmer verdächtigten ihn, ein Spion des feindlichen Landes zu sein. K.M.S. beharrte energisch darauf, dass er lediglich einen Roman schreibe. Die Fragenden schnauften nicht einmal verächtlich. Sie hatten unglaublich genaue Informationen: mit wem er sich traf, welche Bücher er las, über die Bücher, die er schrieb und über seine Romanwelt. In allen Punkten kannten sie viel mehr Details als er. Man hätte vor Bewunderung sprachlos sein können. Wie aber konnten sie dann ihm gegenüber einen solchen absurden Verdacht hegen? Wie konnte man es interpretieren, dass sie nur in diesem einen Punkt nichts wussten? K.M.S. verstand es einfach nicht. Er fühlte sich beklommen und ungerecht behandelt. Aber sein Protest gelangte nicht zu ihren Ohren. Wie sich bald erwies, hörten sie nur das, was sie wollten.

Nach sechsundzwanzig Stunden Verhör spielten sie ihm ein Tonband mit der Stimme seines Freundes L.P.Y. vor. Aus irgendeinem Grund zitterte sie sehr. Sie klang völlig ermüdet. Aus seiner Stimme hörte der Schriftsteller eine schwere Verletzung heraus.

„K.M.S. sagte mir eines Tages, dass unser Ministerpräsident nicht echt ist. Er sei ein Schauspieler. Der echte sei längst gestorben. Ich habe keine Ahnung, woher er diese Unmenge an Informationen hatte, jedenfalls wusste er unheimlich viel darüber. Einiges hat er mir gezeigt, aber er behielt noch mehr für sich. Ich denke, er ist ein guter Schriftsteller. Was er sonst denkt und welche politischen Ansichten er hat, darüber weiß ich nichts. Zwar treffe ich ihn ab und zu wegen der Arbeit, aber ich bin mit ihm nicht besonders eng befreundet. Er ist so einer, in den man nicht reingucken kann."

Acht Stunden später, das heißt 34 Stunden nach dem Beginn des Verhörs, musste er eine andere Aufnahme hören. Es war die Stimme seiner Geliebten auf seinem automatischen Anrufbeantworter. Zu seiner Verlegenheit klagte sie wie eine wimmernde Katze.

„Wir wollten doch am Wochenende ins Kino gehen, was soll das? Weißt du denn nicht, dass ich einsam und traurig werde, wenn du so was tust! Wo bist du denn überhaupt? Warum nimmst du nicht ab? Morgen Nachmittag habe ich Zeit. Unser Stinktier muss auf Geschäftsreise. Kommst du dorthin? Bis vier Uhr. Verstanden? Ich vermiss dich wie verrückt! Ich bring dich um, wenn du nicht anrufst."

Sie erschlossen aus der Aufnahme, dass sie verheiratet war. Sie drängten ihn hartnäckig zu sagen, wer sie war. Daran schloss sich wiederholt die Frage an, wer das Stinktier sei. Mit diesem Wort bezeichnete sie ihren Mann. K.M.S. konnte es unvernünftiger Weise nicht unterdrücken, vor sich hin zu lachen. Aber gleich darauf konnte er nicht mehr lachen. Sie bedrohten ihn und pressten aus ihm das Geständnis heraus, dass mit „dorthin" das Zimmer 1406 des HBN-Hotels gemeint war.

Am nächsten Tag um 18 Uhr 30 hörte K.M.S. eine zweite Aufnahme ihrer Stimme. Sie schien etwas aufgeregt und ein wenig bestürzt zu sein. Offensichtlich war sie betroffen, aber nicht niedergeschlagen.

„Oh, so war das also. Ich wusste es wirklich nicht. Deshalb näherte sich mir dieser Kerl. Irgendwie war mir auch ein bisschen komisch dabei. Genau! Er roch etwas danach. Er wollte mir nahe kommen, weil mein Mann ein Beamter ist, beim Nachrichtendienst. So was ... Aber kein Missverständnis bitte. Zwischen ihm und mir gab es nichts.

Weil er so hartnäckig war, wollte ich ihn heute richtig ausschelten, dafür wollte ich ihn treffen. Das ist die Wahrheit! Mein Gott, so ein unverschämter Kerl ..."

Als er die Aufnahme hörte, verfiel er plötzlich in einen seltsamen Trancezustand. Wie gewohnt tastete er in seiner Umgebung und fand einen Stift. Seine Tagträume überkamen ihn unabhängig von Umgebung und Umständen.

Er sah sein Schicksal. Es gab einen runden Tisch. Um ihn saßen etwa zehn Leute. Die Hälfte trug Militäruniform. Ein Mann stand auf und verbeugte sich. Der, vor dem er sich verbeugte, saß tief im Sessel. Seine Finger tippten immer wieder auf den Tisch. Es war der Ministerpräsident. Sofort begann der Mann, der sich erhoben hatte, zu berichten: Nach den bisherigen Ergebnissen der Untersuchung gibt es keine Kontakte mit dem feindlichen Land oder mit subversiven Kräften. Es scheint sich um ein zufälliges Produkt eines Schriftstellers zu handeln, der eine unrealistische Welt erkundet. Er scheint nicht gefährlich zu sein. Zu unserer Überraschung sind seine Gedanken zwar subtil und raffiniert, aber es gilt als bewiesen, dass er keine anderen Absichten oder Hintermänner hat. Trotzdem müssen wir darauf achten, nicht unüberlegt zu handeln, da es um eine wichtige Sache geht. Falls seine Ideen bekannt werden, kann man nicht ausschließen, dass es ein paar kleine Wellen schlägt. So schlage ich vor, Maßnahmen zu treffen, die den Schriftsteller von der Welt isolieren. Er wird dann unter Verdacht geraten, dass er als Spion des feindlichen Landes lange Zeit in unserer Gesellschaft heimlich manövriert und die öffentliche Meinung zu manipulieren versucht hat. Ein paar Sätze aus seinen bisher publizierten Romanen werden als Beweis für die Täuschung der Bevölkerung herausgestellt. Der Ministerpräsident fragte, seine Finger tippten immer noch: Kann man solche Sätze finden? Ich meine, ob das, was man findet, ausreicht, bei allen Menschen das gleiche Gefühl zu erwecken? Der Berichterstatter bejahte laut und diszipliniert. Das sei ein Kinderspiel. Er berichtete weiter: Als Sympathisanten werden der Lektor und die Geliebte des Schriftstellers mit ihm zusammen vernichtet. Der Ministerpräsident sagte, ohne ihn anzuschauen: Ist das nicht Ihre Frau? Der Berichterstatter hob ruckartig den Kopf und bejahte wieder. Der Ministerpräsident fragte, ob ihm das nichts ausmache. Der Berichterstatter verneinte. Der Ministerpräsident hörte auf, mit seinen Fingern zu tippen. Langsam stand er auf und dann, kalt hingeworfen: Sie setzen sich selbst auch auf die Liste und lassen sich vernichten. Im Saal wurde es totenstill. Um den runden Tisch herrschte ein Schweigen, als wären alle mit kaltem Wasser begossen worden. Keiner sprach. Der Ministerpräsident verließ den Saal ...

Der Vernehmer schlug zweimal fest in sein Gesicht. Seine Wange schmerzte, das genügte, ihn aus dem Tagtraum zu wecken. Er wurde hochgezogen und auf die Füße gestellt. „Das Verhör ist beendet. Sie mit Ihrer hervorragenden Phantasie können grollen. Das Hervorragende wird sich manchmal opfern müssen, gerade weil es hervorragend ist. So unterschiedlich ihre Talente sein mögen, so opfern sich doch nicht wenige Leute, eben weil sie hervorragend sind." Er wurde von zwei kräftigen jungen Männern irgendwohin geschleppt. Der Vernehmer las, was K.M.S. tagträumend gekritzelt hatte.

„Der Ministerpräsident spielt nicht. Er war einmal ein Schauspieler. Aber jetzt ist er keiner mehr. Er wurde vom Schauspieler zum Ministerpräsidenten. Der Ministerpräsident stirbt nicht ..."

Während er noch den Zettel las, schrillte das Telefon direkt vor ihm. Er nahm den Hörer ab und grüßte militärisch zum Telefon hin.

„Jawohl. Ich habe ihn eben geschickt. Er ist sehr gefährlich. Ja. Jawohl. Ich werde ihn sofort vernichten lassen."

Ein Tag

1.

Es war an einem Mittwoch, gegen zehn Uhr, als die beiden fremden
Männer und der Alte zu ihr kamen. Sie konnte sich genau daran
erinnern, denn sie war gerade bereit zu gehen. Zweimal die Woche
half sie freiwillig beim „Telefon der Hoffnung", das von einem Frauenverein organisiert war. Montags und mittwochs vormittags. Fast
immer ging sie gegen zehn aus dem Haus und kam gegen 15 Uhr zurück. Als sie sich im Spiegel betrachtet hatte, sich vergewissert hatte,
dass Strom und Gas ausgeschaltet waren und gerade die Schuhe an-
zog, klingelte es. Um diese Zeit konnte es nur einer von diesen lästi-
gen Vertretern sein. Wirklich fleißig, dieser Vertreter. Noch während
sie das dachte, klingelte es schon wieder. Wahrscheinlich wurde nun
der Finger gar nicht mehr von der Klingel genommen; jedenfalls läu-
tete es pausenlos weiter. Es schien also da draußen um etwas Dringen-
des zu gehen, oder der Besucher hatte einen ungeduldigen Charakter.
Sie verzog unbewusst das Gesicht. In diesem Moment fühlte sie sich,
als ob ein finsterer Schatten, zwar unerklärbar, aber nicht zu leugnen, sie überfiele. Sie fürchtete, ihr Gesicht könnte ganz rot geworden sein.

Als sie die Tür zur Hälfte öffnete, war ein Mann zu sehen. Er war
ungefähr Mitte bis Ende dreißig und trug einen schwarzen, dicken
Anzug mit schneeweißem Hemd. Er stand da, eine Hand auf die Klingel gedrückt. „Es reicht!", sagte sie leise, aber bestimmt. Ohne sie
eines Blickes zu würdigen, zog er etwas aus dem Briefumschlag in
seiner anderen Hand heraus.

„Ist das Ihr jüngerer Onkel?" Mit einer mechanischen Geste zeigte
er auf jemanden. Da die Tür nur halb geöffnet war, konnte sie nicht
in die gezeigte Richtung blicken und erkennen, wer da stand. Also
machte sie die Tür ganz auf und streckte den Kopf hinaus; zwei
weitere Menschen standen da. Einer davon war genauso gekleidet

wie der Mann, der geklingelt hatte, auch ähnlich alt. Sich die Nase zuhaltend, stand er grimassierend da. Der Dritte saß auf dem Boden, wirkte viel älter als die beiden anderen. Vor allem sein Aussehen unterschied sich sehr von dem ihren. Sein locker gewebter Pullover war so schmutzig, dass man die ursprüngliche Farbe nicht erkennen konnte. Seine Hose reichte nur bis zum Unterschenkel, die Knienaht war kaputt und der halb geöffnete Reißverschluss peinlich. Sein dreckiges Gesicht hatte lange kein Wasser mehr gesehen und war, unter einem grauen Bart verdeckt, kaum zu erkennen. Er erinnerte sie an ein Bergtier, das in keine Berührung mit der Zivilisation gekommen war. Außerdem stank er. Jetzt konnte sie verstehen, warum der andere seine Nase zuhielt.

Der Mann, der geklingelt hatte, fragte: „Es stimmt doch, er ist Ihr Onkel?" Es war absurd, dass dieser dreckige Alte, der wie ein Tier stank, ihr Onkel sein sollte. Sie hatte ihn noch nie gesehen. Es schien ihr, diese Männer – wer waren sie eigentlich? – müssten aufgrund eines Missverständnisses zu ihr gekommen sein. Sie schüttelte energisch den Kopf.

„Hier ist doch die Wohnung von Han Yangmo, oder?", fragte er, in seinen Papieren blätternd. Han Yangmo, so hieß ihr Mann. Das würde also bedeuten, dass der Alte sein Onkel wäre, aber hatte er überhaupt einen Onkel? Sie konnte sich nicht erinnern, davon gehört zu haben. Der Mann drängte: „Stimmt das oder nicht?" Sie nickte, wobei sie zweifelnde Blicke auf die drei Männer vor der Tür verteilte. Sein Gesicht zeigte ganz kurz, wie unverschämt ihm ihr Verhalten vorkam. Es war ein Vorwurf darin, als habe sie eine Lüge versucht, die doch sofort zu enthüllen war. Sie wollte irgendwie protestieren, aber er erlaubte es nicht.

„Stempeln Sie hier." Er hielt ihr das Papier hin.

„Warum muss ich stempeln?"

„Er ist doch der Onkel von Herrn Han Yangmo. Wir haben Ihnen Ihren Onkel mitgebracht. Sie müssen es bestätigen."

Er klopfte mit den Fingern auf das Papier, als langweile er sich.

Das Papier flatterte in der Luft, wie wenn es sich von der Hand des Mannes zu befreien und zu fliegen versuchte.

„Einen Moment. Han Yangmo ist zwar mein Mann und wohnt hier. Aber dass dieser alte Herr sein Onkel sein soll, ist eine andere Sache."

„Ist er es nicht? Oder wissen Sie es nicht?"

„Nein. Ich weiß es nicht, er ist es nicht." Sie artikulierte klar und deutlich. Solange sie sich erinnern konnte, hatte ihr Mann nicht nur keinen Onkel, sondern auch keine Eltern. Schon bei der Heirat im Herbst vor sechs Jahren war er allein. Hatte er einen Onkel? Wenn ja, dann hätte sie ihn zumindest nach der Hochzeit besuchen müssen. Aber sie konnte sich nicht daran erinnern. Er hatte auch nie von einem Onkel erzählt. Wieso und woher tauchte urplötzlich ein Onkel auf, den es niemals gegeben hatte? Es stimmte nicht, wirklich nicht. Sie sah den Alten auf dem Boden sitzen, den Kopf gesenkt. Da er genau in diesem Moment seinen Kopf hob, wendete sie rasch ihre Augen ab, um den seinen zu entgehen. Sie wollte nicht den bittenden Blick treffen, den er ihr wahrscheinlich zuwarf. Wenn sie ihn empfangen würde, würde er sie, so schien es ihr, fesseln. Dann würde sie ihre natürliche Abwehr aufgeben, und das wollte sie nicht.

„Mensch ... Wollen Sie uns auf den Arm nehmen? Stempeln Sie, aber ein bisschen plötzlich! Wir haben keine Zeit."

Plötzlich knurrte der Mann und verzog böse sein Gesicht. Sie erkannte, dass er versuchte, sie einzuschüchtern. Die Angst, sie könnte ihnen nicht klar machen, dass es sich um ein Missverständnis handelte, versetzte sie in Anspannung. Sie versuchte ruhig zu bleiben.

„Warten Sie einen Moment. Ich rufe meinen Mann an. Es geht schnell. Einen Moment können Sie doch warten?"

„Ich wiederhole: wir haben viel zu tun. Aber wie Sie wollen. Beeilen Sie sich."

Obwohl er sich großzügig zu zeigen versuchte, knurrte er immer noch.

Sie rief im Büro ihres Mannes an, der etwa zwei Stunden zuvor zur

Arbeit gefahren war. Eine Kollegin nahm ab und sagte, er sei gerade nicht da, er sei zu Geschäftsfreunden gegangen. Sie fragte, wann er zurückkomme, aber die Kollegin konnte darauf nicht antworten. Sie wisse nicht, ob er nur einen Besuch oder mehrere machen würde. Die Frau, nun etwas ratlos, bat darum, ihn irgendwie zu erreichen, es gehe um eine dringende Angelegenheit. Die Kollegin war nicht besonders freundlich. Das, was für die anderen wichtig war, war ihr gleichgültig, und sogar durch das Telefonkabel war ihre Bosheit ziemlich genau zu spüren.

„Rufen Sie später wieder an", sagte sie, schon auflegend.

„Jetzt stempeln Sie schnell."

Schon durch die Wohnungstür eingedrungen, hatte der Mann das Gespräch mitgehört und drängte sie nun, indem er erneut mit dem Finger auf das Papier klopfte. Das Papier flatterte, als ob es sich aus der Hand des Mannes zu befreien versuchte. Sein Drängen, obwohl sie ihren Mann nicht erreichen konnte, ließ keinen Zweifel daran, dass er seinen Willen durchsetzen wollte und nicht bereit war, Rücksicht auf ihr Problem zu nehmen. Sie fühlte sich, als ob der unerklärliche finstere Schatten, der sie vorhin überfallen hatte, dunkler wurde. Als ob es ihr Verschulden wäre, dass sie ihren Mann nicht erreichen konnte, fuhr sie zusammen. Trotzdem dachte sie nicht daran, einfach zu stempeln, wie es der Mann von ihr verlangte. Warum sollte sie? Täte sie es, würde sie bestätigen, dass der Alte der Onkel ihres Mannes war. Dann würden sie ihn bei ihr lassen, was sie auf keinen Fall wollte. Sie beteuerte, dass sie ihren Mann nicht hatte sprechen können.

„*Sie* wollten doch anrufen, nicht wir. Wir haben Ihnen zwar erlaubt zu telefonieren, aber das heißt nicht, dass uns das Ergebnis interessiert. Ob Sie mit Ihrem Mann gesprochen haben oder nicht, ändert gar nichts. Uns ist das egal."

„Aber wieso? Sie sagen, der Alte sei der Onkel meines Mannes, aber ich konnte das noch nicht überprüfen. Obwohl ich hundertprozentig sicher bin, dass er es nicht ist ... Aber da Sie das nicht glauben ... Man muss sich doch zuerst vergewissern! Wie wäre es also, wenn Sie später wieder kommen? Sie sehen ja, ich wollte gerade weggehen. Ich werde mit meinem Mann sprechen und dann ..."

Ihr Gesicht brannte, ihr Herz pochte stockend. Sie wollte es nicht, aber ihre Stimme zitterte. Als ein seltsames Lächeln das Gesicht des Mannes verzog, verspürte sie ein wenig Angst.

„Ach, Sie glauben uns nicht! Wir wollen Sie wohl betrügen, was! Na los, sprechen Sie's aus! Was fällt Ihnen ein, uns wie Idioten zu behandeln!" schrie der Mann plötzlich. Er knirschte sogar mit den Zähnen, als könnte er seine Wut nicht länger zurückhalten.

„So war das doch nicht gemeint ...", beschwichtigte sie.

„Haben Sie denn kein Mitleid mit dem Alten? Sehen Sie seinen traurigen Blick, wie flehend er schaut? Das ist nicht menschlich, dass Sie den Onkel Ihres Mannes zurückstoßen, nur weil er dreckig und hässlich ist. Würde Ihr Mann das wollen? Soll er erfahren, was für ein herzloser Mensch Sie sind?"

Wer ihr so ruhig zuredete, war der junge Mann, der mit dem Alten hinten stand. Zum ersten Mal sprach er. Er appellierte an ihr Herz. Nichts war ihr peinlicher als eine Frage wie: Möchten Sie etwa als unmoralische Frau gelten? Denn der Telefonberatungsdienst gehörte zu einer religiösen Organisation, und insgeheim fürchtete sie, er könnte er auf ihre Mitarbeit beim „Telefon der Hoffnung" hinweisen. Inzwischen war er mit dem Alten schon durch die Wohnungstür getreten. Das war ihr noch unangenehmer. Sie bereute es, sie hätte die beiden nicht hineinlassen dürfen.

„Jedenfalls machen Sie sich keine Illusionen, dass es für Sie eine andere Möglichkeit gibt, als zu stempeln. Wir tun unsere Sache, Sie müssen stempeln. Denn der Alte ist Ihr Onkel. Wir sind korrekte Menschen. Wenn wir etwas sagen, dann ist das so. Das heißt, wenn wir sagen, er ist Ihr Onkel, dann ist er es."

Da die beiden Männer sie abwechselnd bedrohten und zu überreden versuchten, sah sie kein klares Ziel mehr vor Augen; sie schwankte. Sie war verlegen, es fiel ihr schwer, den wahren Sachverhalt zu begreifen. Sie begriff nur noch, dass die Männer nicht einfach verschwinden würden. Eine seltsame Logik der Resignation grub sich in ihren Kopf: sie waren ja schon in der Wohnung drin, da war ohnehin nichts mehr zu machen. Irgendwann wollte sie nur noch die Quälerei mit den Männern beenden und zum „Telefon der Hoffnung" fahren. Schließlich stempelte sie das Papier, das ihr der Mann hinstreckte. Das hieß allerdings nicht, dass sie den Alten als Onkel anerkannte. Sie war sich sicher, dass ein Missverständnis vorlag, und trotzdem konnte sie nicht ohne weiteres behaupten, der Mann sei nicht der Onkel. Jedenfalls würden die Männer sich nicht zurückziehen, ohne ihr Ziel erreicht zu haben. Darum akzeptierte sie für sich diesen Kompromiss – es war besser, erst die Männer wegzuschicken und später mit ihrem Mann die Sache zu regeln.

Sobald sie gestempelt hatte, verließen die Männer in den schwarzen Anzügen ihre Wohnung, ohne einen Blick auf den Alten zu werfen. Aber auch auf dem alten, schmutzigen und hässlichen Gesicht des Mannes, den die Männer als „Onkel" bezeichnet hatten, den sie jedoch nie als solchen akzeptieren würde, zeigte sich kein noch so flüchtiger Gesichtsausdruck.

Was kann ich nur mit dem Alten tun? Unwillkürlich seufzte sie. Sie ermahnte sich, ruhig zu bleiben, und murmelte, sie müsse ein Problem nach dem anderen lösen. Was war zuerst zu tun? Zunächst musste sie beim ‚Telefon der Hoffnung' anrufen. Yun, der Sekretärin, erzählte sie, dass sie wegen einer privaten Angelegenheit noch nicht habe losfahren können. Gleichzeitig sah sie auf die Uhr: es war schon nach 10 Uhr 20 – sie war etwa zwanzig Minuten später als sonst. Yun fragte, was geschehen sei. Sie antwortete, ein ungewöhnlicher Gast habe sie plötzlich besucht. Sie könne wahrscheinlich nicht am Vormittag kommen, aber nach dem Essen. Yun riet ihr zwar, einen Tag frei zu nehmen, aber sie bestand darauf zu kommen, als ob sie es sich selbst versprach. Sie wusste noch nicht, was sie mit dem Alten machen sollte, aber durch das Versprechen kam ihr Wille zum Ausdruck, sich ihren Alltag von einem unbekannten, ungebetenen Gast nicht zerstören zu lassen.

Während sie telefonierte, kam der Alte ins Wohnzimmer, ohne seine abgeschabten schwarzen Schuhe auszuziehen. Durchs Wohnzimmer ging er direkt in die Küche. Sein Schritt war so sicher, als ob er das Innere der Wohnung schon kannte. Erschrocken legte sie auf und sah den Alten an. Er öffnete die Tür des Kühlschranks, blieb einen Moment stehen, nahm dann den Wasserbehälter und fing an zu trinken. Den Kopf zurückgeworfen, schüttete er sich das Quellwasser in den Mund, das sie am letzten Sonntagmorgen mit ihrem Mann vom nahen Berg geholt hatte. Im Nu war mehr als ein Liter Wasser in seine Kehle verschwunden. Dann nahm er die Eier und aß sie. Es waren ungefähr zehn Eier im oberen Teil des Kühlschranks aufgereiht, die hatte er alle geschluckt. Keine Schale blieb dabei übrig. Sein unerwartetes Verhalten machte sie sprachlos. Sie war um so ratloser, als es weder unsicher noch unnatürlich wirkte. Sie dachte, er hätte ihr seltsam zugelächelt, doch blieb unklar, ob das so war.

Zufrieden und sich wohlig reckend, ging er behände in der Wohnung herum und öffnete alle Zimmertüren: Die Türen des Schlafzimmers, des Arbeitszimmers, des kleinen Zimmers und der Veranda wurden geöffnet und geschlossen. Er sagte nichts. Sie auch nicht. Kein Wort fiel ihr ein. Sie war etwas angespannt. Hatte er die Toilette gesucht? Das fragte sie sich, als er die Toilettentür laut hinter sich zuzog.

Sie begann zu überlegen, was bei ihr geschehen war, während sie im Wohnzimmer auf und ab ging, immer hin und her: Um sechs war sie wie gewohnt aufgestanden und hatte, nachdem sie das Frühstück vorbereitet hatte, ihren Mann geweckt. Das war um sieben. Sich die Augen reibend war er aufgestanden, hatte gefrühstückt, sich eilig gewaschen und war gegen fünf nach halb acht aus dem Haus gegangen. Bis neun hatte sie dann Geschirr gespült, Staub gesaugt und Wäsche gewaschen. Danach hatte sie begonnen, sich für ihren Dienst beim „Telefon der Hoffnung" vorzubereiten. Sie hatte dafür genügend Zeit. Als sie gerade bereit war zu gehen, war es zehn Uhr. Alles sehr selbstverständlich und alltäglich. Bis es klingelte, war der Tag nicht anders verlaufen als jeder andere Tag auch. Die Frage war, ob der ihr aufge-

zwungene alte Mann wirklich das Recht hatte, von ihrer Familie aufgenommen zu werden: Die fremden Männer in schwarzen Anzügen
und weißen Hemden behaupteten, er sei der Onkel ihres Mannes.
Hatte ihr Mann überhaupt einen Onkel? Das war die Frage, die sie
sich immer wieder stellte. Sie kam mit ihren Gedanken nicht weiter.
Sie blieben in den Bahnen, die ihr die Männer in Anzügen vorgegeben
hatten. Diese Bahnen schienen zu schweben, als hingen sie in der Luft.
Als sie im Wohnzimmer etwa fünf Mal hin und her gegangen war,
konnte sie sich endlich von ihnen lösen. Sie erkannte, dass sie hätte
fragen müssen, wer die Männer waren, woher sie kamen, welchen Beruf sie hatten. Zwar sahen sie aus wie Beamte, und das hatte sie unbewusst auch akzeptiert, aber waren sie wirklich welche? Sie hatten ihr
gedroht (einer hatte dauernd geknurrt), sie eingeschüchtert, und dann
hatte sie die reale Lage nicht mehr beurteilen können. Sie hatte nicht
einmal genau erfasst, was sie mit ihrem Stempel auf dem Papier bestä-
tigt hatte. So spät sie dies erkannte, nun wusste sie nur zu genau, dass
es unmöglich war, die Sache rückgängig zu machen. Jetzt war der Alte
in der Wohnung, jetzt konnte sie ihn nicht wieder wegschicken.

Nach einer ganzen Weile kam der Alte immer noch nicht aus dem
Badezimmer. Als über eine halbe Stunde vergangen war, musste sie
ihre Vermutung korrigieren: Er hatte nicht auf die Toilette gemusst.
Sie überlegte dann, ob er vielleicht badete? Da er sehr schmutzig war
und stank, wünschte sie es sich. Aber sie hörte kein Wasser laufen.
Auch sonst war nichts zu hören. Sie fixierte all ihre Sinne nur noch
auf das Badezimmer. Das ergab sich von selbst: Sie war mit dem Alten allein in ihrer Wohnung. Sie empfand, dass dieser Fremde sie gefangen hielt, und es war ihr unangenehm. Es herrschte Stille in der
Wohnung. Ein Nachbar hatte das Radio laut gestellt, denn man hörte
lauten Gesang. Der Kühlschrank brummte manchmal.

Als sogar nach einer Stunde kein Zeichen aus dem Badezimmer
kam, überfiel sie plötzlich ein unangenehmer Gedanke. Wenn er aufgehört hätte zu atmen, wenn er so auf dem Boden liegen würde, das
wäre schlimm. Zwar glaubte sie nicht, dass er zum Sterben zu ihr ge-

kommen sei. Wenn er aber wirklich der Onkel ihres Mannes war, wie die Männer behaupteten, konnte man nicht ausschließen, dass er ihre Wohnung als jenen Ort aufgesucht hatte, an dem er sein Leben beenden wollte. Drängte es nicht jedes Lebewesen, beim Sterben den Kopf nach der Heimat zu richten? Bei diesem Gedanken verspürte sie Angst, und es war ihr unmöglich, nichts zu unternehmen. Sie drückte ihre Ohren fest an die Badezimmertür. Aber sie konnten nichts wahrnehmen. Sie klopfte leise. Keine Reaktion. Diesmal etwas lauter. Sind Sie da? Wie geht es Ihnen, Großvater ...? Sie hielt den Mund dicht an die Türspalte. Ebenfalls keine Reaktion. Ihr Herz schlug laut und stark. „Ich mache die Tür auf. Darf ich?" Ein paar Sekunden nach ihrer Ankündigung schob sie die Tür langsam auf. Sie konnte sie ohne Widerstand öffnen. Er lag mit Hinterkopf und Rücken an die Wand der Badewanne gelehnt, aber den unteren Teil des Körpers auf dem gekachelten Boden ausgestreckt. Er war ungewaschen. Ihr Eindruck war, sein Körper sei irgendwie nicht normal, sondern zerknittert wie ein altes Blatt Papier. Sie korrigierte zuerst seine Haltung. Dann kontrollierte sie seinen Pulsschlag. Er war etwas langsamer als bei gesunden Menschen, jedoch vorhanden. Erleichtert atmete sie aus, da sie sicher war, dass er nicht tot war. Er war tief eingeschlafen. Sein Anblick tat ihr weh und erweckte ihr Mitgefühl. Dadurch wurde das empfindliche Gewissen der ehrenamtlichen Wohlfahrtspflegerin berührt. Selbst wenn alles auf einem Missverständnis beruhte, er war schließlich ein Gast, und ihn geringschätzig zu behandeln, wäre nicht richtig gewesen.

„Stehen Sie auf, Großvater. Bitte gehen Sie ins Zimmer, schlafen Sie."

Sie schüttelte seinen schmutzigen Körper. Aber der Alte im Tiefschlaf reagierte kein bisschen. Sie versuchte ihn zu heben, indem sie ihre Hände unter seine Schultern schob. Ihr wurde klar, dass sie seinen Gestank aushalten musste. Aber das war nicht das Problem. Sein Körper, so leicht er aussah, war nicht zu bewegen, obwohl sie sich mit aller Kraft bemühte, ihn zu heben. Nach ein paar Versuchen gab sie schließlich auf.

„Ein seltsamer Tag", murmelte sie und rief wieder im Büro ihres Mannes an. Er müsse schnell kommen und die Sache regeln. Aber man sagte ihr, er sei noch unterwegs. Daraufhin fragte sie, ob man inzwischen von ihm gehört habe. Die Antwort lautete, man habe keine Verbindung mit ihm gehabt. Nachdem sie aufgelegt hatte, sagte sie wieder zu sich: „Ein seltsamer Tag!"

Noch eine halbe Stunde lang lief sie im Wohnzimmer hin und her und konnte sich nicht entscheiden. Mal starrte sie das Telefon an, mal die Uhr. Unter diesen Umständen konnte sie die Wohnung nicht verlassen. Ein unbekannter Alter war da, von dem fremde Männer behaupteten, er sei ihr Onkel. Über einen Liter Wasser hatte er in einem Zug getrunken und zehn rohe Eier, mit Schale sogar, hinuntergeschluckt – und nun war er im Badezimmer tief eingeschlafen. Sie konnte ihn doch nicht allein lassen ... Aber sie konnte auch ihren Dienst beim „Telefon der Hoffnung" nicht ausfallen lassen. Seit Beginn ihrer Tätigkeit hatte sie nie gefehlt. Für sie war es eine sehr bedeutsame Aufgabe, den Leuten zuzuhören, die beim „Telefon der Hoffnung" anriefen, und mit ihnen zu sprechen. In den drei Jahren nach ihrer Heirat hatte sie sich vergebens ein Kind gewünscht, und es langweilte sie, das leere Haus zu hüten. Zunehmend gereizt, konnte sie aus Verzweiflung kaum mehr essen und schlafen. Was für ein Leben hatte sie, was sollte aus ihr werden? ... Sie fragte sich, ob ihr Leben so in sich zusammenfallen sollte. Da ergab sich zufällig die Gelegenheit zu dieser ehrenamtlichen Tätigkeit. Durch Gespräche mit den Menschen erfuhr sie, wie viel unterschiedliches Leid und unsagbare Einsamkeit es gab. Die Einsamkeiten der anderen retteten sie aus ihrer Einsamkeit. Durch diese Tätigkeit langweilte sie sich nicht mehr, war nicht mehr nervös, schämte sich nicht mehr und fühlte sich auch nicht elend. Sie konnte wieder gut essen und schlafen. Das „Telefon der Hoffnung" gab auch ihr Hoffnung. Zwar nannte es sich Wohlfahrtsdienst, aber sie war diejenige, die am meisten davon profitierte. Sie mochte es, sich mit den Leuten am Telefon zu unterhalten. Sie redete irgendetwas, aber meistens hörte sie zu. Sie ließ die anderen sprechen, da sie wusste, dass mit dem Aussprechen die Heilung schon begann. Auch sie selbst wurde geheilt, indem sie den unbekannten Menschen zuhörte. Jetzt, nach zweieinhalb Jahren, bedeutete für sie das „Telefon der Hoffnung" die Hoffnung an sich, Kraft und Rettung. Selbstverständlich hatte sie in der ganzen Zeit kein einziges Mal gefehlt. Und das sollte sie wegen eines unbekannten, unangenehmen Alten aufgeben?

Eine Weile ging sie wieder in der Wohnung hin und her, während sie ihre verworrenen Gedanken zu ordnen versuchte, so schwierig das auch war. Letztendlich kam sie zu dem Schluss, dass sie nichts wegen des fremden seltsamen Alten aufgeben musste, obwohl sie immer noch besorgt war, nicht nur seinetwegen, sondern auch wegen der Wohnung, die ihm allein überlassen blieb. Da er in äußerst tiefen Schlaf gefallen war, schien es ihr kein Problem, für etwa drei Stunden die Wohnung zu verlassen. Mit diesem Gedanken rechtfertigte sie ihre Entscheidung. Sie öffnete nochmal die Toilettentür, vergewisserte sie sich, dass er tief schlief. Bevor sie wegging, rief sie im Büro ihres Mannes an. Auch diesmal konnte sie nicht mit ihm sprechen.

2.

Man hätte es leicht nehmen müssen, den Tag als Unglückstag abtun und ihn vergessen, doch das war nicht so einfach. Nach einem Vormittag voller Verwicklungen wollte er auch nachmittags nicht in Ordnung kommen. Zwar saß sie am „Telefon der Hoffnung". Es gelang ihr aber nicht, sich auf die Beratung zu konzentrieren. Als sie aus dem Haus gegangen war, hatte sie sich von neuem ratlos gefühlt, hatte sich gefragt, ob es sich um eine unvorstellbar boshafte Intrige handelte, und war auch besorgt gewesen wegen ihrer Wohnung, die dem Alten überlassen war. Diese Gefühle konnte man ihr an Gesicht und Körperhaltung ablesen.

Ebenfalls an der Stimme. Sie war eine sehr schlechte Beraterin für die fünf Personen, die mit ihrem Kummer angerufen hatten. Eine Anruferin, die sich als geschiedene Hausfrau von Mitte dreißig vorgestellt hatte, wurde ziemlich ärgerlich und legte auf. Wahrscheinlich hatte die Beraterin ein paar Mal den roten Faden des Gesprächs verloren. Die selbstbewusste Geschiedene konnte, ohne ihr Gesicht zu sehen, ihre mangelnde Konzentration spüren. Das passierte ihr zum ersten Mal. So war vor allem sie selbst davon betroffen. In diesem Moment entschloss sie sich, früher Schluss zu machen und nach Hause zu fahren. Auch wenn sie länger arbeitete, es würde nicht besser.

„Sie sehen aus, als fühlten Sie sich nicht wohl ... Was passiert?", fragte die Sekretärin Yun besorgt, als die Frau aufstand und sagte, sie wollte für heute schon Schluss machen.

„So, sieht man mir das an?"

„Es steht in Ihrem Gesicht geschrieben. Was ist los?"

„Mir ist etwas passiert, aber ich weiß nicht, wie ich es erklären soll."

Ein dünnes Lächeln auf den Lippen, blickte Yun ruhig wartend auf sie, bis sie von selbst erzählte. Es war das typische Verhalten einer Therapeutin. Sicher wusste Yun, dass ein solches Verhalten den Ratsuchenden das Herz öffnete und sie von sich erzählen ließ. Die Frau musste nun erzählen, da sie merkte, dass Yun wartete. Sie fühlte beim Sprechen ihre Stimme vor Anspannung zittern.

„Oh, Gott ... Dann geht es also darum, ob der Alte tatsächlich Ihr Onkel ist? Sieht er denn Ihrem Mann ähnlich?" Yuns Frage verriet ein wenig ihre Neugier.

Die Frau überlegte sich, ob der Alte ihrem Mann ähnelte. Sie kam zu keiner schnellen Antwort, nicht nur weil der Alte zu schmutzig und zerlumpt war, sondern, so peinlich das auch war, weil ihr in diesem Moment das Gesicht ihres Mannes nicht einfiel. Es war seltsam. Sie errötete. Zum Glück schien Yun nichts davon zu merken. Statt zu antworten, wich sie aus, indem sie vieldeutig lächelte. Auch Yun schien nicht unbedingt auf eine Antwort zu warten. Als müsse sie stattdessen etwas Verständnisvolles sagen, sprach sie ruhig, mit ihrem eigentümlich sanften, aber etwas gekünstelten Gesichtsausdruck: „So ist's.

Das Leben ist wirklich nicht vorherzusehen. Wie Kafka sagt: Man weiß nicht, was für Dinge man im eigenen Hause vorrätig hat."

Yun schien zu glauben, sie habe etwas Treffendes und Eindrucksvolles gesagt, und warf einen von Stolz erfüllten Blick auf die Frau. Die aber ging aus dem Zimmer ohne die Miene zu verziehen, da sie nicht in der Stimmung für große Worte war.

Sie stand vor dem Gebäude, das der Frauenverein gemietet hatte, und wartete auf ein Taxi. Dabei gingen ihr Yuns Worte nicht aus dem Kopf. Sie hatten vorhin einen nur geringen Eindruck auf sie gemacht, doch plötzlich erschienen sie ihr bedeutsam. Was sollte das heißen: „Man weiß nicht, was für Dinge man im eigenen Hause vorrätig hat?" Was meinte Yun damit? Die Frau hatte das Gefühl bekommen, dass Yun diesen unbekannten Alten als jüngeren Onkel ihres Mannes eingeordnet hatte. In Yuns Worten deutete nichts darauf hin, sie könnte Lage und Problem der Frau wirklich verstehen und Mitgefühl empfinden. Das war noch nicht alles. Ein wenig später hatte die Frau sogar den Eindruck, dass Yun insgeheim genussvoll über den Vorfall gelächelt hatte. Ihr schauderte bei dem Gedanken, dass solch ein heimlicher Blick auf das Unglück der anderen, dass solch ein perverser Genuss die tief im Innern verwurzelte Motivation ihrer Kolleginnen sein könnte, und auch ihre eigene. Sie hatte mehrere Jahre den Leiden und Problemen unbekannter Leute durch das Telefonkabel zugehört. Aber bei der Überlegung, ob sie wirklich das Leid der Anderen mitgefühlt hatte, wurde sie schwermütig. Sie nutzte das „Telefon der Hoffnung", die persönlichen Leiden und Probleme der Anrufer aus, um ihre eigene Hoffnung zu finden. Die Frau konnte sich von ihrem schlechten Gewissen nicht befreien.

Mit solchen konfusen Gedanken beschäftigt, hatte sie nicht wahrgenommen, dass ein Taxi vor ihr stand. Der Taxifahrer, den Kopf in ihre Richtung gestreckt, hupte. In dem Moment, als sie zu sich gekommen war und die Hintertür öffnete, kam ein Mann eilig daher, machte die Vordertür auf und setzte sich auf den Beifahrerplatz. Er bewegte sich so schnell, dass sie nur dastand, den Türgriff in der

Hand, ohne ins Taxi einzusteigen. Gerade erst zu sich gekommen, wurde sie wieder verstört. Da sie kein Wort sprach, bat der Fahrer den Kunden auf dem Beifahrersitz auszusteigen, die Frau sei zuerst dran. Aber der Kunde wollte den Wagen einfach nicht verlassen. Obwohl der Fahrer noch versuchte, ihn mit ein paar Worten zu überreden, blieb er unbeugsam. Sie wurde langsam ärgerlich, als sie auf den stur wirkenden Hinterkopf des Mannes starrte, klopfte ans Fenster der Beifahrertür und sagte: „He! Ich war zuerst hier! Was ist denn das für ein Benehmen!"

Weiter kam sie nicht. So schnell wie er eingestiegen war, stieg er wieder aus (er hatte eine sehr dunkle Sonnenbrille, obwohl keine Sonne zu sehen war) und ohrfeigte sie plötzlich. Als sie reflexartig ihre Hände hob und damit ihr Gesicht bedeckte, hörte sie den Mann spucken und schimpfen: „Blöde Sau!" Noch schlimmere Beschimpfungen schossen aus seinem Mund. Aus ihren Augen liefen Tränen. Nicht nur ihre Wange schmerzte, vor allem fühlte sie sich ungerecht behandelt und hilflos. Bevor sie irgendwie protestieren konnte, stieg der Sonnenbrillenträger wieder rasch ins Taxi, und als er dem Fahrer etwas sagte, fuhr dieser los, diesmal ohne Widerstand. Das Verhalten des Mannes musste ihm Angst gemacht haben. Sie setzte sich auf den Boden, das Gesicht wieder mit den Händen bedeckend. Vorbeigehende Leute stoppten kurz und sahen auf sie hinunter, gingen aber weiter, ohne ein Wort zu sagen. Weder reichte ihr jemand die Hand noch sprach jemand sie an. Da sie einen unangenehmen Geschmack im Mund verspürte, spuckte sie aus: Es war Blut. Zwei Backenzähne schienen zu wackeln. Aber am wenigsten ertrug sie die Absurdität. Ohne auf die schielenden Blicke der Vorbeigehenden zu achten, hockte die Frau noch eine Weile reglos da. Sie wusste nicht, warum sie auf so absurde Weise erniedrigt wurde.

Etwas später kam sie mühsam zu sich und überlegte sich in Ruhe eins nach dem andern. Die unverständliche Verkettung von Ereignissen hatte am Vormittag begonnen; es hätte alles nicht geschehen müssen, wäre ihr Mann erreichbar gewesen, ihr immer zuverlässiger

Mann. In jenem Moment war er am unentbehrlichsten gewesen. Wenn er nur käme, er würde all diese verworrenen Sachen regeln, die der fremde Alte verursacht hatte. Sie staubte ihren Rock ab und eilte zur Telefonzelle.

„Er ist nicht da", teilte die Kollegin mit sehr barscher, routinemäßiger Stimme mit.

„Ist er noch nicht zurückgekommen?", fragte die Frau. Ein Nein war die Antwort.

„Wann wird er zurückkommen?"

„Ich weiß es nicht."

„Hat er bisher kein einziges Mal angerufen?"

„Nein."

„Wohin ist er überhaupt gegangen?"

„Das weiß ich nicht."

„Wohin bist du überhaupt gegangen? Wo bist du denn, wo ich doch so erniedrigt wurde? Wieso bist du nicht zu erreichen ...?" Ihre Worte vermischten sich zuletzt mit Schluchzen.

„Hallo?", rief die Kollegin am anderen Ende des Telefonkabels. Aber die Frau antwortete nicht. Sie war jetzt nicht deshalb verstört, weil man sie auf die Wange geschlagen hatte, oder weil plötzlich der ungebetene Gast in ihren sonst angenehmen Alltag eingedrungen war, sondern weil in ihr Verdacht und Misstrauen gegen ihren Mann aufstiegen. Sie wurde um so unruhiger, als sie sich daran erinnerte, dass ihr sein Gesicht vorhin beim Gespräch mit Yun nicht einfallen wollte – wie ein böses Zeichen. Sie dachte, sie sei ein bisschen aufgeregt und durcheinander. So entschied sie sich, möglichst bald nach Hause zu gehen und sich auszuruhen. Dieser Entschluss erleichterte aber ihre Schritte nicht.

Die Hoffnung, sich zu Hause ausruhen zu können, brach zusammen, sobald sie eintrat: Ihre Wohnung war nicht die von gestern. Zuerst öffnete sie die Toilettentür.

„Mein Gott!", schrie sie schrill und warf die Tür schnell wieder zu. Ihr heimlicher Wunsch, der Alte wäre von selbst verschwunden, während sie weg war, hatte sich nicht erfüllt. Sie war nicht etwa erschrocken, weil sie ihn nicht hätte sehen können. Er lag immer noch auf dem Badezimmerboden. Sein nackter Körper hatte sie aufschreien lassen. Anders als zuvor lag er ganz nackt da, und zwischen den schmalen, verwelkten Beinen war sein erigierter Penis auf den ersten Blick zu erkennen. Zu seinen blutlosen Beinen bildete der harte und feste Penis einen Kontrast. Das Ding, das zur Decke hin aufragte und so wirkte, als würde es jeden Moment Samen ergießen, sah ekelhaft aus. Sie empfand den Anblick als schändlich, ihren Körper überkam ein Zittern.

Aufs Äußerste abgestoßen ging sie ins Schlafzimmer. Als sie die Tür öffnete, stach ihr der Gestank in die Nase. Aber da sie sehr verwirrt war, dauerte es lange, bis sie erkannte, woher er kam. Erst nachdem sie einen Haufen Kot in der Mitte des Zimmers erblickte, wurde es ihr klar. Es war überflüssig zu fragen, von wem der Haufen war, da in der Wohnung nur ein Mensch gewesen war. Sie stand verblüfft vor dem stinkenden Kot und wusste wirklich nicht, was tun. Sie fühlte Beklemmung. Als wäre die Tatsache, dass ihr Schlafzimmer vom Kot eines fremden Menschen beschmutzt war, ein Zeichen, verlor die Frau jede Hoffnung.

Es gab keinen Beweis dafür, dass der Verursacher des Kothaufens ein Onkel ihres Mannes war. Und ebenso wenig dagegen. Sie konnte nicht wissen, wer der Alte war. Wie auch immer, ihr Mann musste auftauchen. Wo blieb er überhaupt?

In diesem Moment klingelte es. Sie eilte zur Tür, da sie dachte, ihr Mann, vom Büro unterrichtet, sei eilig nach Hause gekommen, und öffnete.

„Bist du zu Hause? Ich komme, um eine Tasse Tee zu trinken." Vor der Wohnungstür stand nicht ihr Mann, sondern die Nachbarin. Mit ihr, die nebenbei Porzellanwaren herzustellen gelernt hatte, was sie jetzt sehr geschickt konnte, hatte die Frau in letzter Zeit Kontakt. Meistens kam die Nachbarin zu der Frau, nur manchmal umgekehrt. Bei der Nachbarin stand alles voll von selbst gemachten Porzellangegenständen. In den Schränken, auf dem Tisch, überall in der

Wohnung waren ihre Werke verstreut. Auch in der Wohnung der Frau befanden sich zwei Kaffeetassen und zwei Blumenvasen, die ihr die Nachbarin geschenkt hatte. Obwohl die Nachbarin offen und lustig zu erzählen pflegte, war es gerade nun für die Frau eine Zumutung, ihr vergnügt zuhören zu müssen. Sie wollte ihr sagen, sie solle später wieder kommen, da sie etwas zu tun habe. Aber bevor sie sprechen konnte, hatte die Nachbarin schon ihre Schuhe ausgezogen und stand im Wohnzimmer.

„Was stinkt denn hier so?", fragte sie plötzlich, während sie sich aufs Sofa setzte. Die Frau überlegte, was sie antworten könnte, während sie die Tür des vom Kothaufen besetzten Schlafzimmers unauffällig zu schließen versuchte. Sie wusste nicht genau, ob es gut wäre, überhaupt eine Erklärung zu versuchen. Sie glaubte nicht, dass die Nachbarin sie verstehen würde. Vielleicht war ja auch die Nachbarin nicht anders als Yun. So entschied sie sich, ihr nichts zu erzählen. „Was für ein Gestank?", fragte die Frau zurück, um der peinlichen Situation auszuweichen.

„Es riecht nach Kloake oder nach einem lange benutzten, verschwitzten Handtuch ... Kann ja auch sein, dass der Gestank durchs Fenster kommt ...", sprach die Nachbarin zu sich, fast murmelnd, aber wechselte gleich das Thema. Wie viele Geschichten sie wohl mitgebracht hatte! Da sie es eilig hatte, diese Geschichten auszubreiten, vergaß sie schnell den Gestank. Während sie Kaffee kochte, wünschte sich die Frau jedoch, die Nachbarin würde bald nach dem Kaffee aufstehen. Sie sei erst vor kurzem nach Hause zurückgekommen und sehr müde, sagte die Frau, und deutete mit einem Zittern an, dass sie kränkelte und vielleicht bald eine Erkältung bekomme. Trotzdem plapperte die Nachbarin weiter, als mache ihr das nichts aus. An anderen Tagen hätte es die Frau begeistert, wie die Nachbarin erzählen konnte, und sie hätte mitgelacht, aber jetzt hatte sie dazu keine Lust. Im Schlafzimmer lag ein Kothaufen und im Badezimmer ein nackter, dreckiger Alter, zu allem Überfluss mit hartem, erigiertem Penis. Man konnte nicht wissen, wann er erwachen und aus dem

Badezimmer kommen würde. Kein Grund zum Lachen also. Die Frau wünschte, der Alte möge lange schlafen, und warf flüchtige Blicke auf die Badezimmertür.

„Tatsächlich, du siehst nicht gut aus. Hast du wirklich das Gefühl, du kriegst eine Erkältung? Ich gehe gleich, und du, ruh dich aus."

Endlich nahm die Nachbarin die Stimmung wahr und stand langsam auf. In ihrem Gesicht war jedoch deutlich zu sehen, wie enttäuscht sie war, nicht all ihre Geschichten erzählen zu können. Wenn die Frau gesagt hätte, dass es mit der Erkältung nicht so schlimm sei und sie noch einen Moment bleiben könne, hätte sie sich auf der Stelle wieder hingesetzt. Aber die Frau hielt sie nicht zurück. Die Sonne war schon untergegangen, in der Wohnung wurde es dunkler.

„Ja. Wenn es mir wieder gut geht, komme ich zum Tee vorbei", erwiderte die Frau lediglich. Sobald die Nachbarin aufstand, schnupperte sie, als ob sie sich an den so lange vergessenen Gestank wieder erinnerte, und deutete mit einer Kopfbewegung an, dass ihr etwas sonderbar vorkam. Die Frau ignorierte es.

Die Nachbarin ging zur Wohnungstür, drehte sich aber zur Toilette, die sich daneben befand.

„Ich kann ja noch deinem Haushalt etwas Wasser spenden ...", spaßte sie und zog die Toilettentür auf. Die Frau hob die Hände, sie dachte: „Ich muss es verhindern". Aber es ging nicht. Kein Wort kam in der Eile aus ihrem Mund. Die Nachbarin trat schnell ein, vielleicht weil sie einen starken Drang verspürte. Die Frau hatte die Augen zu- und dann wieder aufgeschlagen.

‚Das gibt eine Katastrophe', dachte sie.

„Oh!", stöhnte die Nachbarin seltsam kurz und wich zurück. Es war klar, was sie gesehen hatte. Die Frau fragte nichts. Die Nachbarin, die immer noch die Türklinke fest hielt, drehte den Kopf und starrte die Frau an. Bestürzung und Misstrauen überflogen abwechselnd ihr Gesicht. Ihre weit aufgerissenen Augen und ihr halb geöffneter Mund verlangten eine Erklärung. Aber gleich danach mischten sich Peinlichkeit und Ekel auf ihrem Gesicht, und ihre Miene verriet:

sie mochte nichts fragen, man wisse es auch schon, ohne gefragt zu haben. Gleichzeitig ging sie Schritt für Schritt rückwärts.

„Es ist eigentlich nicht so, die Sache ...", versuchte die Frau gehetzt eine Ausrede. Der Gedanke, welches Bild von ihr gerade im Kopf der Nachbarin entstehen mochte, ließ sie auf einmal in Angst verfallen. Als hätte die Nachbarin nun die Lust länger zu bleiben völlig verloren, ging sie weg, die Hand der Frau zurückweisend.

Vor den Augen der Frau verschwand der vieldeutige Gesichtsausdruck der Nachbarin lange nicht. Tränen schossen ihr aus den Augen. Sie heulte lauter. Während sie weinte, entschloss sie sich, den Alten hinauszuwerfen. Seit er in die Wohnung gekommen war, hatte sie ihren Alltag, den Frieden und die Sicherheit des Alltags verloren. Um all dies zurückzugewinnen, musste sie ihn fortjagen. Aber wie? Sie konnte den Alten nicht allein aus der Wohnung schleifen. Es war unmöglich, nicht nur weil sie nicht kräftig genug war, sondern auch, weil sie nicht die Toilette betreten konnte, da er mit festem, erigiertem Penis auf dem Boden lag. Sie konnte es nicht tun. Aber sie konnte nicht von dem Wunsch loskommen, dass man ihn herauszog und in hohem Bogen aus der Wohnung warf. Dafür brauchte sie ihren Mann um so mehr. Er musste auftauchen. Er allein konnte bestätigen, dass der Alte sein Onkel war – oder andernfalls die Intrige, die irgendwie dahinter stecken musste, aufdecken. Nur ihr Mann konnte den Alten aus der Wohnung ziehen und hinauswerfen.

Sie wischte mühsam ihre Tränen ab. Aber vergebens. Sie brachen aufs Neue aus, als sie den Hörer wieder in die Hand nahm.

„Bitte verbinden Sie mich mit meinem Mann." Ihre Stimme wurde bettelnd. Sie wollte nur klagen, wo und bei wem war gleichgültig. Hatte sie sich verhört? Am anderen Ende des Telefonkabels hörte sie Gelächter. Sie spitzte die Ohren; das war doch unmöglich! Das Lachen wurde aber deutlicher. Als sie genauer hinhörte, bemerkte sie, dass es nicht nur von einer Person kam, dass Männer- und Frauenstimmen sich in ihm mischten. Es hörte sich so an, als würde sie ausgelacht. Von den Ohren lief es ihr bis ins Herz. Ihr Blut erkaltete, und ihr Herz wurde schwer wie vor einem kommenden Unglück. Sie schüttelte den Kopf einmal heftig, als wollte sie die Angst abschütteln, und nannte den Namen ihres Mannes.

„Er ist nicht da." „Oh, Moment. Er ist heute ins Ausland geflogen", sagte eine Frau, im Hintergrund immer noch das vielstimmige Lachen. Ins Ausland. Davon hörte sie jetzt zum ersten Mal. Sie widersprach, es könne nicht sein, und vergewisserte sich, dass der Name richtig verstanden worden war ...

„Mein Mann heißt Han Yangmo ..."

„Das weiß doch jeder! Er ist nach Europa geflogen. Es wird ziemlich lange dauern. Vielleicht ein Jahr."

Was sollte das heißen? Er war heute morgen in ihrem gemeinsamen Bett erwacht, hatte sich das Gesicht gewaschen, gefrühstückt, ihre Wange geküsst und war ins Büro gefahren wie immer. So urplötzlich eine Auslandsreise? Er hatte kein einziges Wort davon erzählt. Die Frau hielt es für unmöglich, dass er ohne ein Wort ins Ausland geflogen war, und das auch noch für ein Jahr. Selbst wenn es die Firma so plötzlich entschieden hätte – was sie sich überhaupt nicht vorstellen konnte –, hätte ihr Mann sicher vor der Reise zu Hause Bescheid gesagt.

„Bitte vergewissern Sie sich nochmal. Er hat nichts davon gesagt. Warum sollte er ins Ausland fliegen, ohne mir etwas davon zu sagen? Kann ich mit jemand anderem sprechen?"

Ihre Stimme war aufgeregt, sie stotterte ein wenig.

Vom anderen Ende des Telefons glaubte sie das Lachen immer lauter zu hören.

„Es ist niemand da, alle anderen sind schon nach Hause gegangen."

„Ach, kommen Sie! Warum sind *Sie* denn noch nicht gegangen? Wer sind die Leute da? Ich höre ja im Hintergrund Lachen!" Ohne sich dessen bewusst zu sein, stellte die Frau die Kollegin zur Rede.

„Na so was! Eine Verrückte ... Meinen Sie, ich muss Ihren Mann herbeizaubern, oder was? Ich sage nur das, was ich weiß. Wenn Ihnen das nicht passt, kann ich's auch nicht ändern. Was erwarten Sie von mir, soll ich etwa lügen?" Die Stimme der Kollegin wurde barscher.

Das Lachen im Hintergrund war immer noch zu hören, und sogar Beschimpfungen schienen sich jetzt beizumischen. So schwer es auch war, den Inhalt zu verstehen, es war doch unverkennbar, dass sie die Frau beleidigten.

Doch sie konnte nicht mehr protestieren. Vielleicht war sie zu verwirrt, aber nicht nur deshalb: In diesem Moment sah sie, wie sich die Toilettentür öffnete. Der noch nackte Alte mit aufgerichtetem Penis kam heraus und stand schon vor dem dreisitzigen Ecksofa, das neben ihrem Stuhl stand. Vor ihren Augen wirkte nun sein nackter Körper obszön entblößt. Aber er bewegte sich, als ob er nicht wüsste, dass sie da auf dem Stuhl saß. Die Frau ließ das Telefon auf den Boden fallen, als sie sah, dass der tropfende dünnflüssige Samen aus seinem Penis das Sofa beschmutzte. Das lange, schrille, spitze Geschrei aus ihrem Mund zerbrach ein Fenster. Dessen Scherben fielen vom siebzehnten Stock mit zunehmender Geschwindigkeit zur Erde hinab. Die Frau wurde bewusstlos, als fiele sie selbst hinunter.

Ob vor oder nach ihrer Ohnmacht, irgendwann erschien ein Gesicht vor ihren Augen. Es war seltsamerweise das des fremden Mannes auf der Straße, der sie auf die Wange geschlagen und sie beleidigt hatte. Er grinste abstoßend und nahm langsam seine Sonnenbrille ab. In der Brille spiegelte sich sein entblößtes Gesicht, das ihr irgendwie nicht fremd vorkam. Im nächsten Moment blitzte der Gedanke auf, es könnte vielleicht das ihres Mannes sein, das ihr vorhin nicht eingefallen war. Das war dann alles. Vor ihren Augen wurde es plötzlich dunkel, und sie konnte nichts mehr denken.

Vermutungen über das Labyrinth

Es waren Heinrich Schliemann und Arthur Evans, die uns über die Pracht der hoch entwickelten Kultur am ägäischen Meer unterrichteten. Bevor sie dieses Gebiet entdeckt hatten und uns ihre Ausgrabungen zeigten – die goldene Maske, das Löwentor und die Gestalt der Göttin, die in ihren beiden Händen eine Schlange trug –, wusste die Menschheit nichts über die ägäische Kultur. Erst Mitte des 19. Jahrhunderts holte ein Mann diese Erbschaft aus der Erde. Dieser Mann wurde von Homer nicht nur als Erzähler gefesselt, er verstand ihn auch als hervorragenden Historiker, der wichtige geschichtliche Tatsachen niedergeschrieben hatte. Zuerst erblickte Troja das Licht und dann Mykene, sie wurden aus dem dunklen Keller der Geschichte geholt.

Über die große Stadt Knossos schrieb Homer: „Der König Minos regierte neun Jahre lang". Sie war der Mittelpunkt der Insel Kreta im südlichen ägäischen Meer. Nicht Schliemann, sondern Evans entdeckte diese Stadt. Als er 1900 begann, sie auszugraben, fand er ein verwinkeltes, seltsames, großes Bauwerk. Bald stellte sich heraus, dass es das Schloss des mythischen Königs Minos war. Weil es an einem flachen Abhang stand, wirkte das zweite oder dritte Stockwerk von der anderen Seite so, als wäre es das Erdgeschoss. In der Mitte des Gebäudes gab es einen breiten, viereckigen Garten, um den zahllose kleine und große Räume angeordnet waren. Allein das Erdgeschoss hatte mehr als hundert Zimmer. Manche waren darunter, deren Funktion als kaiserliche Kammer, Dienstraum, Atelier oder als Speichersaal offensichtlich war. Aber bei den meisten Zimmern war nicht einfach zu erraten, wozu sie eigentlich gedient hatten. Jedenfalls war die Frage, wofür man so viele Zimmer gebraucht hatte, nicht wichtig. Um so verdächtiger und seltsamer waren die unendlich langen, engen und krummen Durchgänge und zahllosen Treppen im Gebäude. Wege trafen sich und verzweigten sich wieder. Nicht lange, und man verlor den Richtungssinn und wusste schließlich nicht mehr, wo man eingetreten war und wo man wieder hinauskommen konnte. Dieses unendlich kompliziert strukturierte Gebäude hieß deshalb „Labyrinth".

Seit schon langer Zeit erweckte das Wesen des Labyrinths nicht nur das Interesse der Spezialisten, sondern auch das gewöhnlicher Menschen. Auch ich bin einer von ihnen. Zu welchem Zweck wurde das Gebäude, das wie eine Falle aussieht, vor viertausend Jahren gebaut und gebraucht? Wer baute es, wer lebte darin? Was geschah damals dort, in einer dunklen, lange vergangenen Zeit? Lebte der König wirklich im Labyrinth? Wenn ja: Wie konnte er in diesem verwinkelten Bau, in dem man die Richtung nicht erkennen konnte, wohnen? Bekanntlich war er der Herrscher der Insel Kreta. Warum diese Unbequemlichkeit? Spielte er mit seinen Untertanen Versteck, als groteskes Hobby? Dass er das Gebäude zu diesem Zweck bauen ließ, wirkt zwar irgendwie seltsam und befremdlich. Man kann aber diese Erklärung nicht einfach als belanglos abtun. Unter den verschiedenen Versuchen, das Labyrinth zu enträtseln, hat auch sie ihren Platz. Sie wird dadurch unterstützt, dass der König Minos ein mächtiger Herrscher war und die Kultur auf seiner Insel damals höher entfaltet war als jede andere im Mittelmeerbereich. Kein Angriff von außen war zu befürchten, dem absoluten Herrscher wurde es langweilig, und so ließ er sich etwas Außergewöhnliches ausdenken, ein reizendes Spiel.

Allerdings ist das, ich betone nochmals, nur eine Vermutung, und nicht die einzige, sondern nur eine unter vielen. Vielleicht gibt es überzeugendere. Wir haben weder einen Urtext, der den Ursprung des Labyrinths beschreiben würde, noch Leute, die zweitausend Jahre vor Christi lebten. Wenn es keinen Kapitän gibt, behaupten mehr Seeleute, sie vermöchten das Schiff zu führen. Das Rätsel des Labyrinths erlaubt keine klare Lösung und heizt so die Phantasie vieler Menschen an. Aus den Erfahrungen und dem Vorstellungsvermögen der Einzelnen entstanden unzählige Interpretationen, doch keine konnte man bestätigen. Nur wenige wurden in der Öffentlichkeit bekannt, die meisten blieben in den Köpfen der Einzelnen.

Das Buch, das hier vorgestellt wird, ist eines dieser vielen Dokumente. Ein Dilettant schrieb es, frei und voller Phantasie. Sein Herz war von Neugierde und Fragen nach dem Labyrinth erfüllt: Das Buch heißt „Vermutungen über das Labyrinth". Dieses dünne, alte Büchlein von nur achtzig Seiten fand ich vor ein paar Jahren zufällig auf einer Europareise. Unter dem Namen Jean Delluc wurde es 1939 in Paris publiziert.

Ehrlich gesagt, ich war ein wenig aufgeregt, als ich es in einer Ecke des staubigen Antiquariats sah. Sofort bezahlte ich es, ohne darin zu blättern. So wie Schliemann nach Homer verrückt war, so war ich damals verrückt nach dem Labyrinth des Königs Minos. „Verrückt" ist vielleicht etwas übertrieben. Gerade war ich vom Mittelmeer gekommen und hatte dort das Erbe von Kreta und Mykene kennen gelernt. Ich war noch davon begeistert, mit eigenen Augen kulturelle Bruchstücke der alten Menschheit zu sehen, und so konnte es einfach kein Zufall sein, dass ich in diesem Moment genau dieses Buch fand. Und darum ist es doch der Ausdruck „verrückt nach dem Labyrinth", der meine damalige Begeisterung widerspiegeln kann.

Ich ging sogar in die Bibliothek einer Pariser Universität, um mich über Delluc zu informieren. Anders als erwartet war er weder Historiker noch Archäologe, sondern ein unbekannter Romanautor. Im biographischen Handbuch der Bibliothek stand über ihn: 1891 geboren, 1950 gestorben, lange Zeit Arbeit als Redakteur einer Provinzzeitung, gegen Ende des Lebens ein paar Romane.

Der nur dreizeilige Lebenslauf gab als publizierte Werke „Alptraum" und „Dunkles Geschrei" an, rubriziert als „Schreckensgeschichten" und verständlicherweise ohne literaturgeschichtliche Bewertung. Zu meiner Enttäuschung war von den „Vermutungen über das Labyrinth" überhaupt keine Rede. So wusste ich nicht, ob vielleicht ein anderer J. Delluc der Autor war. Ich suchte dann, ob in der Bibliothek die Werke Dellucs vorhanden waren. Glücklicherweise fand ich seinen „Alptraum" und darin einen Lebenslauf, in dem auch die „Vermutungen über das Labyrinth" aufgeführt waren.

Das vorliegende dünne Büchlein ist – um es nochmals zu betonen –

kein historisches Dokument. Vermutlich war der Autor ein Träumer wie ich auch, ein Träumer, der Freude bei der Suche nach einem Backstein hatte, mit dem er den Sumpf des Mythos und der Geschichte zu füllen versuchte. Er wollte seine sprudelnde Phantasie mit Hilfe eines Romans, einer relativ freien literarischen Gattung, ungehindert entfalten. Vielleicht kann man nicht sagen, dass es sich bei diesem Buch um etwas besonders Neues oder Originelles handelt. Ein Teil des Inhalts war mir schon unzählige Male durch den Kopf gegangen: naheliegende Vorstellungen für alle, die neugierig auf das Labyrinth sind.

Man könnte vielleicht vermuten, dass mein Entschluss, trotzdem das Buch zu übersetzen, auf naiver Begeisterung beruht: Begeisterung, zufällig auf jemanden gestoßen zu sein, der über einen solch ungewöhnlichen Stoff einen Roman geschrieben hat. Sein Labyrinth war meins. Doch nicht deshalb war ich von Anfang an bereit, ihn zu übersetzen. Der literarische Wert des Buchs und seines unbeachteten Autors konnte mich nicht überzeugen. Ich habe nie wieder etwas über ihn gehört, und schon gar nicht über sein Buch. Ich fragte mich, ob es jemanden außer mir gab, der es gelesen hatte. Außerdem: Abgesehen von ein paar außergewöhnlichen Träumern schien es niemanden zu geben, dessen intellektuelle Neugierde der Roman befriedigen konnte, und so wirkte es nicht besonders verlockend und wagte ich lange nicht, ihn zu übersetzen.

Warum dann ...? wird der Leser fragen. Weshalb möchte ich ihn denn nun übersetzen? Überzeugte mich plötzlich der literarische Wert? Geschah etwas Überraschendes, so dass auf einmal der Text intellektuelle Neugierde befriedigen kann und er nützlich ist? Ja, genau. Ein wichtiges unter meinen Motiven, Dellucs „Vermutungen über das Labyrinth" zu übersetzen, habe ich verschwiegen und werde ich nun erklären: Seit kurzem kann man den Inhalt des Romans nicht mehr als bloße Phantasie abtun.

Letztes Jahr gab eine erfolgreiche Gruppe von Forschern bekannt, Hieroglyphen an der Wand des Schlosses gefunden, entziffert und so relativ ausführlich die historischen Umstände, wie das Labyrinth entstanden war, verfolgt zu haben. Bereits 1939 hatte Delluc das Gleiche – obwohl in Romanform – ziemlich exakt beschrieben. Wenn man sich erinnert, dass es dem Briten Ventris erst 1952 gelang, die Hieroglyphe B zu entziffern, erstaunt seine Intuition in höchstem Maße.

Man betonte nur, dass die Entzifferung das Geheimnis des Labyrinths klärte, erwähnte jedoch nicht das Werk eines Träumers, der diese Möglichkeit schon vor fünfzig Jahren vermutet hatte. Das war auch gar nicht möglich: Man kennt ja heute sein Werk überhaupt nicht, und es ist keine logisch aufgebaute wissenschaftliche Abhandlung, sondern hat die Form eines künstlerischen Produkts.

Das bedauerte ich sehr. Ich kam schließlich zu dem Urteil, es wäre richtig, dieses Material der Öffentlichkeit vorzustellen. Ein unerwartetes Pflichtgefühl bestimmte mich nun. Mich reizte die seltsame Leidenschaft, diesem unbekannten Träumer die ihm gerechte Ehre zukommen zu lassen.

Man könnte allerdings einwenden, er sei nur ein Träumer gewesen, habe nur das Glück des Zufalls gehabt. Selbst wenn das so wäre, es würde, so denke ich, seine Leistung nicht herabsetzen. Für die meisten historischen Entdeckungen spielten Zufälle eine große Rolle. Ein Beispiel: Man kann nicht leugnen, dass bei der Suche von Evans und Schliemann nach der Kultur von Kreta und Mykene eine übermenschliche, unsichtbare Hand des Zufalls mitgespielt hat, die Willen und Arbeit der Forscher als etwas Wertvolles belohnte. Etwa darin, wie Evans zum Helden wurde, der die Knossos-Kultur des Königs Minos ausgrub: Es gibt ein Moment, das darauf hinweist, dass die Hand des Zufalls statt Schliemann Evans auswählen wollte. Schliemann vermutete, nachdem er Troja und Mykene ausgegraben hatte, der Mittelpunkt dieser Kultur sei die Insel Kreta. Deshalb fing er an, auf der Insel zu forschen. Er ertrug jedoch nicht die Habgier der Türken, der Bewohner der Insel, und mitten in der Arbeit brach er ab und zog sich zurück. Deshalb wurde das Glück, Knossos zu entdecken – so wurde überliefert – dem britischen Archäologen A. Evans zuteil. Hätten die Türken sich gegenüber Schliemann freundlicher verhalten, oder hätte er genug Geduld gehabt, ihre Habgier und Gemeinheiten auszuhalten, so wäre das Glück nicht zu Evans gekommen.

Obwohl Glück im Spiel war, darf man doch nicht übersehen, dass Evans es selbst errungen hatte: Jedes Glück stützt sich zwar auf Zufälle, aber die Hand des zufälligen Glücks ist nicht blind. Wie Evans' Glück als errungen gelten kann, so auch das von Delluc.

Das ist der Grund, warum ich dieses Buch publizieren möchte.

Warum gab es das Labyrinth überhaupt? Wer brauchte es, und wofür? Diese Fragen waren sowohl im Brennpunkt der Neugierde von Leuten, die sich für das Labyrinth interessierten, als auch der Ausgangspunkt des Buches.

Bevor wir die Antwort in diesem Buch finden, gibt es eine große Säule, an der wir uns zuerst orientieren und an die wir unsere Worte binden müssen: Das ist der griechische Mythos, der in allen Zeiten und allen Gesellschaften bekannteste unter den Mythen. Er überliefert uns die Geschichte vom Labyrinth des Königs Minos. Diesem Mythos zufolge ließ der König das Labyrinth bauen, und der Handwerker Daidalos entwarf und führte das Schloss aus. Der Mythos erzählt weiter, warum es gebaut werden musste: Es gab ein Ungeheuer namens Minotaurus, mit dem Kopf eines Stiers und dem Körper eines Menschen. Halb Tier und halb Mensch, war der Minotaurus ein menschenfressendes Monstrum. Entstanden war es, weil Minos ein Versprechen gegenüber Poseidon gebrochen hatte: Der König hatte den Meeresgott gebeten, ihn seiner königlichen Macht zu versichern und als Beweis dafür verlangt, einen Stier aus dem Meer emporsteigen zu lassen. Würde er mit Hilfe Poseidons seine Macht weiterführen, so versicherte er, würde er den Stier für den Gott opfern. Aber er brach sein Versprechen, denn Poseidons Stier aus dem Meer war unwiderstehlich schön. Als der König ihn sah, gefiel er ihm über alle Maßen, und er brachte es nicht übers Herz, sah es nicht ein, diesen schönen Stier zu töten und den Göttern zu weihen. Poseidon wurde wütend, wie stets die Götter im griechischen Mythos, die sich dann rächen. Die Methode, die sie dafür am häufigsten benutzen, ist eine Art der Hypnose, mit der sie das menschliche Herz fesseln.

Poseidon ließ Minos' Frau Pasiphaë sich in den Stier verlieben. Der Hypnose eines Gottes vermag kein Mensch zu widerstehen. Pasiphaë, gebannt und dem Stier verfallen, folgte ihrer Leidenschaft und suchte einen Berater, der ihr helfen sollte, ihre Liebe zu erfüllen. Ihre Wahl fiel auf Daidalos. So hoffte sie, dass ihre Liebe zu dem Stier Erfüllung finden könnte.

Dem Mythos zufolge schnitt der Handwerker Daidalos, voll künstlerischer Inspiration, aus Holz eine Kuh, überzog diese Figur, in der Pasiphaë versteckt war, mit Kuhleder und stellte sie auf eine Wiese, auf der andere Kühe weideten. Der Stier näherte sich dieser Imitation, als wäre sie eine Kuh. Die Liebe Pasiphaës zum Stier wurde erfüllt; etwas später gebar sie ein Monstrum, mit Stierkopf und menschlichem Körper, den Minotaurus.

Er war gefährlich, er fraß, so der Mythos, Menschen. Wie seine Frau suchte auch König Minos Daidalos auf. Daidalos war nicht nur Handwerker, er spielte auch eine wichtige Rolle, und zwar als Berater. Der König befahl Daidalos, ein Gebäude zu bauen, um das Monstrum einzusperren, ein Gebäude, in das man ein Mal eintritt und aus dem man nie wieder hinausfinden kann, das von einem Irrweg zum anderen führt: So entstand das Labyrinth, in dem das Monstrum eingesperrt wurde.

Der Mythos berichtet weiter. König Minos griff Athen unter dem Vorwand an, dass sein Sohn während einer Reise auf attischem Gebiet plötzlich gestorben war. Siegreich, verlangte der König vom unterlegenen Athen, alle neun Jahre sieben Jünglinge und sieben Jungfrauen als Tribut zu schicken. Die vierzehn Kinder wurden dem eingesperrten Minotaurus zum Fraß geboten. Endlich schlich sich der Prinz von Athen in diese Gruppe ein. Dieser mutige Prinz kämpfte erfolgreich gegen den Minotaurus, mit Hilfe von Ariadne, der in den Prinzen verliebten Prinzessin von Knossos.

Als sie den Prinzen Theseus zum ersten Mal sah – so der Mythos –, zitterte ihr Herz. Schon auf den ersten Blick verliebt, flehte sie Daidalos an, den Architekten des Labyrinths, ihr den Weg zu verraten im Labyrinth zu überleben, den außergewöhnlichen Daidalos, dem sich nach dem König und der Königin nun auch die Prinzessin anvertraute.

Nach einigem Zögern verriet er der Prinzessin eine Lösung, die niemand wissen sollte: Man könne das Ende eines Fadenknäuels am Tor des Labyrinths festbinden und es während des Weges ablaufen lassen. Auf dem Rückweg müsse man es zusammenrollen, dann finde man leicht hinaus.

Theseus folgte dem Rat der Prinzessin: Er tötete den Minotaurus und kam zurück. Er und die Prinzessin flohen mit dem Schiff nach Athen. Sie war vielleicht eine der ersten Frauen, die, vor die Wahl zwischen Heimat, Blutverwandtschaft und Liebe gestellt, sich ohne Zögern für die Liebe entschieden. Daidalos, der den königlichen Befehl missachtet hatte, wurde, so der Mythos, mit seinem Sohn Ikaros im selbst gebauten Labyrinth eingeschlossen.

Die Entdeckung des Labyrinths von Knossos befreite diese bekannte Geschichte von dem Makel, sie sei bloß ein absurder Mythos. Nikos Kazantzakis schrieb einen bemerkenswerten Roman, der auf diesen Mythos baute und die von Evans entdeckten Ruinen als Material einbezog. Kazantzakis brachte ein paar unwesentliche Änderungen an; so hatten etwa die Athener statt alle neun Jahre jedes Jahr Opfer zu bringen. Sonst aber folgte er getreu dem griechischen Mythos. Er akzeptierte die Existenz des Minotaurus ohne jedes Misstrauen.

Wie das? Glaubte er die Geschichte, das Mischwesen aus Mensch und Tier habe wirklich die Jugendlichen von Athen gefressen? Ich weiß es nicht. Was wir voraussetzen müssen: „Auf dem Schloss Minos" ist lediglich ein Roman, und es gibt eine Wahrheit der Romanlogik. Wie die meisten Autoren dürfte auch Kazantzakis hier keinen Widerspruch oder Konflikt empfunden haben, da er kein Historiker war, sondern ein Schriftsteller. Das müssen wir verstehen: Ein Romanautor schreibt nicht, um zu beweisen oder zu argumentieren, sondern um zu erzählen.

Würden wir uns völlig auf den Roman dieses aus dem Mittelmeergebiet stammenden Autors verlassen, um das Geheimnis des Labyrinths zu lösen, bräuchten wir keinen Konflikt zu empfinden. Warum war das Labyrinth nötig? Wir können wie Kazantzakis einfach auf die Stimme des Mythos hören. Warum brauchte man das Labyrinth: Es gab einen Menschenfresser namens Minotaurus, halb Mensch, halb Stier. Um das Monstrum einzusperren, befahl der König Minos ein Gebäude zu bauen, aus dem man, war man einmal eingetreten, nie wieder hinausfinden konnte.

Aber wenn wir die Existenz des Minotaurus entmythologisieren und unter historischem Blickwinkel beleuchten, ändert sich das Ganze beträchtlich. Wir lesen einen Roman mit Genugtuung, aber wir sind keine Romanautoren. Der Leser entdeckt die Wahrheit des Romans. In dieser Wahrheit greifen historische Erfindung und erdichtete Geschichte ineinander.

Die Mythen waren nicht in dem Maße wie allgemein angenommen in der Religion verwurzelt. Vielmehr entstanden sie aus literarischen Bedürfnissen. Wahrscheinlich waren sie riesige Klumpen von Geschichten, die sich zuerst als eine Art mündlicher Literatur unter den Menschen zusammenschlossen und durch die Zeiten und Generationen streiften. Ergebnis menschlicher Phantasie, schwebten sie frei in der Luft. Jedoch stand die Phantasie fest auf der Erde, ohne die sie ihre Flügel nie hätte bekommen können. Vermöchten wir die Schichten der Phantasie in der Erzählung zu trennen, so könnten wir uns den historischen Tatsachen in ihr annähern.

Kleidung nimmt den Körper in Schutz und schmückt ihn. Es gibt protzige und geschmackvolle Kleidung, luxuriöse und grobe. Manche Kleidung zieht man für den Sport an, andere zum Schlafen. Je nach

Qualität, Farbe und Schnitt der Kleidung sieht dieselbe Person anders aus. Warum sollten wir sonst verschiedene Kleidung haben und uns für unterschiedliche Situationen anders anziehen?

Zieht man sich nicht aus, ist der Körper unsichtbar; um gesehen zu werden, muss man sich ausziehen. Es stimmt: Kleider machen Leute, und die Phantasie verleiht Flügel. Das Ausziehen hat das Ziel, zum Körper zu gelangen. Dies – nach der Terminologie eines Theologen, der Jesus Christus erforschte – können wir „Entmythologisierung" nennen. Die Frage, warum Entmythologisierung nötig sei, ist identisch mit der, warum das Ausziehen nötig sei: Um zum Körper zu gelangen, braucht man „Entkleidung". Nicht entkleidete Texte sind stumm; die Stummheit sagt nichts.

Warum wurde das Labyrinth überhaupt gebaut? Was war dort geschehen?

Was wir in diesem Mythos zuerst entkleiden müssen, ist der Minotaurus. Dieses Monstrum ist der schwerste und größte Schlüssel zu dem Geheimnis. Wenn wir nur dieses Schloss öffnen könnten, könnten wir an den tiefsten Ort des Labyrinths gelangen. Was war dieses Mischwesen aus Mensch und Stier? Was sieht man, wenn man das Monstrum entkleidet?

Jean Delluc stellt uns die Ansicht eines Historikers vor Christi Geburt vor: Dieser Philokros versuchte schon etwa im 3. vorchristlichen Jahrhundert den Minotaurus zu entmythologisieren. Ihm zufolge war der Minotaurus, der angeblich periodisch die jungen Menschen von Athen fraß, kein Monstrum. Er sei lediglich der beste Kämpfer des Landes gewesen, kräftiger und mutiger als durchschnittliche Menschen. Im ägäischen Mittelmeergebiet war grausamer und wilder Kampfsport beliebt, und wer in allen Disziplinen siegte, wurde „Taurus", Stier, genannt. Der Sieger genoss große Ehre, und die besten Dichter widmeten ihm Gedichte. Der Taurus wurde dann Oberbefehlshaber des Militärs von Minos, so interpretierte Philokros, und wurde als Minos' Taurus, d. h. Minotaurus, bezeichnet. Die aus Athen verschleppten Jungen und Mädchen wurden dem Taurus als Preis geschenkt.

Diese Interpretation wirkt ziemlich überzeugend: Der dem mutigsten Kämpfer gegebene Name Taurus, die Ehrfurcht und Angst des gewöhnlichen Volkes vor seiner übermenschlichen Kraft konnten das Ungeheuer entstehen lassen. Aber Philokros' Interpretation konzentriert sich leider nur auf den Minotaurus, erwähnt nicht das Labyrinth, als ob er dafür kein Interesse hätte, als ob es so etwas gar nicht gäbe.

Der Autor von „Vermutungen über das Labyrinth" wies auf diesen Mangel hin. Falls man sich entscheiden müsste, den Minotaurus oder das Labyrinth zu ignorieren, so müsse man den Minotaurus wählen. Selbst wenn Philokros das nicht verstanden hätte: Für uns gibt es das Labyrinth. So müsste er die Grenze seiner Interpretation eingestehen, weil er ohne Berücksichtigung des Labyrinths den Mythos zu erklären versucht hatte. Aus welchem Grund auch immer er das Labyrinth nicht erwähnte: Es fehlt, und so fand seine interessante Minotaurus-Interpretation nicht die Zustimmung Jean Dellucs.

Was will dieses dünne Büchlein sagen? Dass ich als Übersetzer im Vorwort die Worte des Autors zitiere, ist weder für den Autor wünschenswert noch für den Leser, der neugierig an das Buch herantritt. Aber dass ich als Leser mein Bedürfnis nicht unterdrücke, etwas über die Struktur des Buches und die wichtigsten Punkte seines Inhalts zu verraten, kann keine Sünde sein.

Vier Figuren treten auf: Ein Architekt, ein Jurist, ein Religionswissenschaftler und ein Schauspieler. Eines Tages übernachten sie zufällig in einem Gasthaus. Die Ausgangssituation ist wie in einem klassischen Kriminalroman. Es schneit heftig, und die Wege sind versperrt. Es schneit zwei Tage und zwei Nächte, und schließlich müssen sie für fünf Tage im Haus bleiben. Sie versammeln sich im Restaurant. Sie grüßen sich, spielen Karten und Schach, lesen Bücher und singen Lieder. Trotzdem bleibt stets die Unruhe über ihre Isolation, und auch die Langeweile verschwindet nicht.

Eines Nachts macht der Schauspieler einen Vorschlag: Der Reihe nach solle jeder die beste Geschichte erzählen, die er auf einer Reise gesehen, gehört oder erlebt habe. Alle Anwesenden nehmen den Vorschlag freudig auf. Der Schauspieler fängt an, und danach erzählt der Religionswissenschaftler. Als der Architekt an der Reihe ist, berichtet er über die einst hoch entwickelte, glänzende Kultur in der Ägäis. Besonderes Interesse zeigt er an dem Labyrinth von Minos: Dieser seltsame Bau sei zusammen mit den ägyptischen Pyramiden lange Zeit Gegenstand seiner Neugierde gewesen.

Von seinem Bekenntnis angeregt, ändert sich die Stimmung des Kreises aufs Neue. Von wem und weshalb wurde das Gebäude gebaut, was geschah darin? Auf diese Fragen hin fangen die Gäste an, lebhaft zu diskutieren. Gerade, wo sie sich langweilen, erscheinen ihnen diese Fragen günstig, Zeit zu füllen, und die Diskussion entzündet sich plötzlich mit seltsamer Energie. Je heftiger sie wird, desto lauter sind ihre Stimmen.

Sie diskutieren frei und ohne Formalitäten: hier sagt einer etwas, dann wirft dort ein anderer seine Worte ein. Der Erzählstoff ist durch nichts eingeschränkt. Hemmungslos entfalten sie ihre Phantasie. Als ob sie es dem Schneesturm heimzahlen wollen, unterhalten sie sich die Nacht hindurch. Als sie dann aufstehen, ist es draußen bereits hell, und der heftige Schneefall hat aufgehört.

Dieses Buch besteht überwiegend aus der Beschreibung dieser nächtlichen Unterhaltung. Wer seine Gedanken nicht unnötig eingrenzt, wird, denke ich, von diesem Abendmahl der Phantasie unwiderstehlich fasziniert sein.

Es reizt mich, hier kurz zusammenzufassen, was die vier Personen über das Labyrinth vermuten. Ich bitte den Leser um Verständnis für meine aufdringliche Freundlichkeit. Für denjenigen, der sich unvermittelt durch den Mund des Autors der Wahrheit des Labyrinths nähern möchte, möchte ich einen Rat hinzufügen: Überspringen Sie ruhig diese freche Stelle.

Zuerst die Ansicht des Juristen: Er richtet seine Aufmerksamkeit vor allem auf die Überlieferung des griechischen Mythos – das Schloss

sei gebaut, um den Minotaurus einzusperren. Der Mythos wider-
spiegle, so setzt er voraus, historische Ereignisse, und zwar nicht wahr-
heitsgemäß, sondern metaphorisch.

Auf der Insel Kreta errichtete König Minos, der mit seinen unbe-
siegbaren Kriegsschiffen das Meer beherrschte und mehrere Nachbar-
länder als Satellitenstaaten kontrollierte, eine absolute Herrschaft.
Der Mythos deutet an, dass Athen eine Kolonie Kretas war. Der erste
Entdecker Evans vermutete, Knossos, wo er das Labyrinth fand, habe
als Mittelpunkt von Politik und Wirtschaft etwa achtzigtausend Ein-
wohner gehabt. Die Vermutung liege nahe, dass die Zahl von Misse-
tätern und Landesverrätern, die die Gesellschaft gefährdeten, deutlich
gestiegen sein müsse. Sicher habe es auch eine Anzahl heißblütiger
Unabhängigkeitskämpfer gegeben, die Unruhe stifteten, um das eigene Land zu befreien. Wenn man noch die Kriegsgefangenen hinzu-
zähle, so komme man auf eine große Anzahl von Leuten, die von der
Gesellschaft isoliert werden mussten.

Diese besondere Architektur nun hätte genau diesen Zweck gehabt.
Der Jurist fügte hinzu: Es gab vielleicht auf Kreta keine Todesstrafe.
Das Gebäude aber bedeute eben Hinrichtung, da die Gefangenen,
einmal darin eingesperrt, nie wieder die Welt erblicken konnten. Die
Tatsache, dass ähnliche Gebäude sich nicht nur in Knossos, sondern
auch auf anderen Inseln um Kreta fanden, unterstütze dies.

Der Religionswissenschaftler ist anderer Meinung. Wie man es von
einem Religionswissenschaftler erwarten kann, versteht er das Labyrinth als eine Art Tempel: Der König eines der mächtigsten Reiche
der Geschichte, der das Mittelmeergebiet beherrschte, habe ein Sym-
bolsystem gebraucht, um das ganze Volk zu einigen, und nach langen
Überlegungen habe er sich entschlossen, einen wohldurchdachten
Mythos zu erdichten. Davon geht die These des Wissenschaftlers aus.

Für ihn war der Minotaurus weder ein Monstrum noch eine all-
gemeine Bezeichnung für Verbrecher, sondern ein göttlicher Gegenstand der Anbetung. Ob es wirklich existiert habe oder nicht, das sei
gleichgültig. Nötig und wichtig sei allein gewesen, dass die Leute an

den Minotaurus als Gegenstand von Angst und Ehrfurcht geglaubt hätten. Die Religion stelle eine Welt dar, bei der es nicht darum gehe, ob ein transzendentales Wesen existiere, sondern darum, ob man daran glaube oder nicht: Für die Ungläubigen gebe es nichts, was existiert, und für die Gläubigen sei es umgekehrt. Das sei das Wesen eines Gottes.

Aber warum müsse es ein Labyrinth sein? Darin wohne der Minotaurus, das heißt das göttliche Wesen, und niemand habe sich getraut hineinzugehen: Einer der Gründe war das Gerücht, man könne nie wieder zurückkommen. Genauer gesagt: weil man sich dem dort lebenden Minotaurus nicht nähern könne und dürfe. Von ihm gesehen zu werden bedeute den Tod, nicht weil es ein Ungeheuer, sondern weil es ein heiliges Wesen sei.

Das Heilige war für das Volk des Altertums der Gegenstand der Ehrfurcht, mit dem in Berührung zu kommen Gotteslästerung bedeutete: „Wer Gott sieht, stirbt", betonte der Religionswissenschaftler. Das Labyrinth sei ein Tempel, entworfen in einzigartigem Stil, um die Mythologisierung zu steigern und den Minotaurus zu vergöttlichen. Entscheidendes Argument für die These, dass das Labyrinth einem religiösen Zweck gedient habe, sei der Opfertod der Athener Jugend für den Minotaurus. Die Strategie des Herrschers von Kreta habe vielleicht auf eine effektive Regierung gezielt: Indem er die heilige Gestalt als Mischwesen aus Mensch und Stier erscheinen ließ und indem dem Minotaurus menschliche Opfer geweiht wurden, sollte es mystisch erscheinen und die Furcht vergrößern.

Zur Ansicht des Architekten: Seine Interpretation erscheint eigenartig. Dabei passt sie zu einem Architekten, wie auch der Jurist und der Religionswissenschaftler denken, wie es ihren Berufen entspricht. Dem Architekten zufolge war das Labyrinth ein künstlerisches Produkt, in dem sich die Schaffenskraft voll entfaltete. Er macht auf die Person Daidalos aufmerksam, den Handwerker im Mythos. Sein Vorschlag orientiert sich an der Frage, wer Daidalos gewesen sei. Der Name impliziert die Bedeutung „geschickter Handwerker". Daidalos, der mit seinem Sohn Ikaros mit Hilfe des Bienenwachs Flügel zu bauen und aus dem Labyrinth zu entfliehen vermochte, sei ein Meister, ein Erfinder und hervorragender Künstler gewesen. Nicht allein das Labyrinth, sondern auch alle Götterstatuen und Figuren, die darin gefunden wurden, seien seine Werke. Wegen seiner außergewöhnlichen Fähigkeit könnte der König, dessen Wort Gesetz war, ihm einen besonderen Status verliehen haben. Da er im Grunde nicht nur Naturwissenschaftler, sondern auch Künstler war, könne man sich vorstellen, dass er davon träumte, Gebäude zu bauen, die mit praktischem Gebrauch nichts zu tun hatten.

Als er gespürt habe, wie sein Ende auf dieser Welt nahte, habe der alte Künstler sein letztes Werk, sein Meisterwerk schaffen wollen, nicht um es dem Herrscher zu widmen, sondern um seinem eigenen Bedürfnis zu folgen. Der König, der ihm vertraut habe, habe ihm Planung und Bau dieser komplizierten, ungewöhnlichen und nutzlosen Anlage erlaubt. Gelassenheit und Prahlsucht des Königs, der eine sozial sichere Gesellschaft und das mächtigste Reich errichtet habe, könnten ein solches Vergnügen ermöglicht haben. So habe Daidalos im letzten Abschnitt seines Lebens sein Bestes für sein Lebenswerk gegeben.

Der Mythos überliefere nun aber, dass er das Geheimnis des Labyrinths verraten habe und mit seinem Sohn selbst dort eingesperrt worden sei. Dies umschreibe vielleicht die Tatsache, wie der Künstler in das Werk einginge und selbst zu dessen Teil werde. Er müsse einen klug kalkulierten Bau gezeichnet haben, aus dem keiner, nicht einmal er, wieder hinausfinden konnte. Dadurch, dass er selbst nicht habe entkommen können, beweise das Gebäude vor ihm und der Welt die Perfektion des Werks, genau wie er es beabsichtigt habe.

Folgt man weiter der Vermutung des Architekten, so erscheinen die Athener Jugendlichen, die dem Minotaurus regelmäßig geopfert wurden, als Gruppe abenteuerlustiger junger Leute, die ungläubig die Warnungen auslachten, sie würden nie aus dem seltsamen, komplizierten Gebäude zurückkommen. Wenn es einen Eingang gebe, gebe es auch einen Ausgang, versicherten sie sich laut. Aber als sie ins Labyrinth eintraten, konnten sie nicht zurück. So wurde die Geschichte wahrscheinlich im Laufe der Zeit nach und nach umgeformt und überliefert, ein grausames, menschenfressendes Ungeheuer lebe im Labyrinth.

Die Interpretation des Architekten ist denen des Juristen und Religionswissenschaftlers gleichwertig. Ich war fasziniert von der freien Entfaltung der beeindruckenden Phantasie in den Ansichten der drei Personen. Es gibt aber eine weitere, ebenso attraktive und eindrucksvolle Version: Das ist die des Schauspielers, der letzten Person, die im Buch am meisten spricht. Seine Erklärung, wie seine Tätigkeit, ist viel konkreter und detailreicher.

Er gestaltet ein interessantes Drama. Wofür diente das Labyrinth, warum wurde es gebaut, und von wem? Er stellt den Meister Daidalos als seine Hauptfigur und die Königin von Minos, Pasiphaë, als Protagonistin vor. Von ihr überliefert der Mythos, dass sie sich in den Stier Poseidons verliebte, Daidalos um Hilfe bat, durch dessen Unterstützung sich ihre Liebe mit dem Stier erfüllte und sie schließlich ein Mischwesen aus Mensch und Stier gebar.

Der Schauspieler aber lässt nun statt des Stiers Daidalos selbst als ihren Geliebten auftreten. 'Poseidons Stier', den Pasiphaë liebe, sei Daidalos. Von großem künstlerischen Talent und freier Phantasie, nicht an die Realität gebunden, mag er sie beeindruckt haben, besonders im Vergleich zu ihrem Mann, dem Eroberer und Kämpfer. Irgendwann unzufrieden mit ihrem Mann, konnte es leicht geschehen, dass sie sich in Daidalos verliebte.

Warum ist dann aber überliefert, sie liebe den Stier? Der Schauspieler erklärt: Weil Daidalos eine von ihm selbst hergestellte Stiermaske überzieht, wenn er sich ins Schloss schleicht und wieder hinaus, um die Königin in der späten Nacht zu treffen. Nicht der Königin habe er die Imitation des Stiers angelegt, sondern sich selbst. Selbst bei größter Vorsicht aber müsste dieser Stier, der der verborgenen Liebe wegen das Schloss besucht, aufgefallen sein. So beginnt das

Gerede über das Mischwesen aus Mensch und Stier unter den Leuten zu brodeln. Später tritt das Gerücht hinzu, das Ungeheuer fresse nur schöne junge Männer und Frauen. Statt, wie erwartet, irgendwann von selbst zu verstummen, steigert sich der Schrecken immer mehr und verbreitet sich nicht nur in Knossos, sondern auf der ganzen Insel Kreta.

Als das Volk wegen des Gerüchts unruhig wird, ruft der König den Ausnahmezustand aus und befiehlt, das Ungeheuer zu fangen. Obwohl alle Kämpfer mit Messern, kräftige und mutige Männer, sich daran beteiligen, gelingt es nicht. Im Land wird es immer unruhiger und die Unzufriedenheit des Volkes wächst. So rät jemand dem vor Zorn kochenden König, ein Labyrinth zu bauen, aus dem niemand wieder hinausfindet, und dort das Ungeheuer einzusperren. Wer kann dieser Jemand sein? Daidalos selbst sei am geeignetsten dafür. Er ist eine von nur zwei Personen, die nicht an das Dasein des Ungeheuers glauben. Er tritt aber auf, als würde er daran glauben. Der König akzeptiert seinen Vorschlag ohne weiteres, denn er fürchtet vor allem um die Stabilität seines Reichs.

Der König fragt: „Wer kann das Labyrinth bauen?" Daidalos antwortet: „Das kann ich tun." Der König fragt wieder: „Das Ungeheuer kann doch überall sein. Wer kann es fangen und in das Gebäude einsperren?" Daidalos antwortet wieder, er könne es. Der König hält seinen Kopf schräg: „Den besten Kämpfern und mutigsten Männern des Landes ist es nicht gelungen. Wie kannst du, ein Architekt, das schaffen?" Daidalos antwortet wieder: Gegen das Ungeheuer kämpfe man nicht mit Kraft und mit Waffen, die nur im Kampf mit den Menschen nützlich seien. Das Ungeheuer sei ein Übermensch. Kein Mensch kann es mit Kraft besiegen, da es immer kräftiger als der Mensch sei. Darum sei das Ungeheuer ja eben ein Ungeheuer. Um es zu überwältigen, brauche man keine Kraft, sondern Strategie und Weisheit. Der König fragt, mit dem Kopf nickend: „Seit langem erkenne ich an, dass du über Strategie und Weisheit verfügst. Wie würdest du es anstellen?" Daidalos beugt sehr höflich den Kopf und erwidert: „Das kann ich hier leider nicht verraten. Die Strategie wirkt nicht mehr in dem Moment, in dem sie ausgesprochen wird. Sie hat eine geistige Kraft, man kann sie sich als Zauberei vorstellen. Die Luft verschluckt das gesprochene Wort, und dann verliert es sofort seine Zauberkraft. Das Ungeheuer wird durch die Luft unsere Weisheit und Strategie spüren." Der König willigt ein: „Gut. Ich beauftrage dich mit Planung und Bau des Labyrinths. Fang schnell das Ungeheuer und befreie das Land von der Unruhe. Was immer du an Geld, Ausrüstung und Arbeitskräften brauchst, du musst es nur anfordern."

Folgt man dieser Ansicht, so baute Daidalos nicht aus künstlerischem Bedürfnis das Labyrinth: Es sei, so der Schauspieler, kein Produkt seines künstlerischen Geistes, sondern eines der verbotenen Liebe. Daidalos entfaltet seine Talente, um einen geheimen Raum zu gewinnen für die verbotene Liebe mit der Frau des Königs, dem er dient. Die Idee für das Labyrinth sei vielleicht im Kopf seiner Geliebten Pasiphaë entstanden.

Jedenfalls gelingt Daidalos der Entwurf eines vertrackten Baus, aus dem keiner außer ihm zurückfinden kann. Durch nur ihm bekannte Gänge kann er sicher seine Geliebte treffen. Als das Labyrinth fertig ist, verstummt das Gerücht über das menschenfressende Mischwesen aus Mensch und Stier und wird das Land wieder friedlich. Weil niemand sich dem Labyrinth nähert, verschwindet das Gerücht sofort.

Hier beendet der Schauspieler sein Drama nicht, sondern entfaltet weiter seine Phantasie. Wer war Theseus, der im Labyrinth das Ungeheuer tötete und zurückkam, und was tat er? Der Schauspieler vermutet, dass die Tochter von Minos und Pasiphaë, die im Mythos in Theseus verliebt war und ihm das Geheimnis des Labyrinths verriet, nicht Theseus, sondern Daidalos liebte. Mit dieser Voraussetzung könne er ein überzeugendes Ende des Dramas finden. Es gehe so in die Tragödie über: Ariadne bat Daidalos, ihre Liebe zu erwidern. Aber er war gleichgültig, er konnte Mutter und Tochter nicht gleichzeitig lieben. Die enttäuschte Ariadne merkte zufällig, dass Daidalos ihre Mutter liebte. Von Wut gefangen und unfähig, ihr Gefühl zu kontrollieren, verriet sie das Geheimnis nicht dem Vater, sondern Theseus, der sie schon lange um ihre Gunst bat: Sie versprach ihm, seine Liebe zu erwidern, wenn Theseus Daidalos im Labyrinth töte. Ermutigt ging Theseus ins Labyrinth. Als Beweis dafür, dass er Daidalos getötet hatte, kam er mit der Stiermaske zurück. Er konnte aber Pasiphaë nicht umbringen, auch Ariadne verlangte es nicht. Pasiphaë jedoch blieb bei Daidalos' Leiche im Labyrinth: Sie wählte ihren Geliebten, bei ihm zu sterben ... Das Drama des Schauspielers endet als Tragödie wie alle andere Geschichten, in denen Mann und Frau sich in Liebe und Hass verwickeln.

J. Delluc nimmt für keine der vier Figuren Partei. Zwar lässt er den Schauspieler am meisten sprechen, aber das mag an dessen Charakter, von seinem Beruf geprägt, liegen: Der Autor meinte, es passe zur Rolle des Schauspielers, ein langes, kompliziertes Drama zu gestalten, statt seine eigene Meinung mit ein paar Worten zu erklären.

Wie der Autor selbst im Vorwort deutlich macht, beabsichtigte er von Anfang an nicht, irgendein Ergebnis zu finden. Er wünschte lediglich, seine Vorstellungen, die er so lange reifen ließ und die mit dem realen Labyrinth auf der Insel Kreta zu tun haben, frei zu lassen. Sein Ziel war weder eine objektive Schlussfolgerung, noch wollte er eine Argumentation oder Materialien abliefern: Im Vorwort stellt er klar, dass das Buch eine Illusion sei, und im Titel benutzt er das Wort „Vermutungen". Der Gedanke, eine Vorstellung unter vier entspreche der Wahrheit und die anderen seien nicht wahr, widerspricht der Absicht des Autors und ist daher auch nicht richtig. Selbst wenn die historische Wahrheit durch archäologische Materialien relativ deutlich geworden ist, ändert das nichts daran.

Dass alle Ansichten, die die vier Leute aussprechen, ihre Wahrheit besitzen, entspricht eher der Absicht J. Dellucs, der keine von ihnen aufgeben würde: Sie sind vier verschiedene Wahrheiten um eine Tatsache. Dabei handelt es sich nicht um die Zahl, sondern um das Verhältnis von subjektiver und objektiver Wirklichkeit. Die Tatsache ist hart und fest, aber die Wahrheit weich und flexibel. Dass es vier

Wahrheiten sind, beruht auf vier Personen und ihren Lebensumständen.

Ich betone nochmals: Er ist kein Wissenschaftler, sondern Autor. Er forschte nicht, sondern schrieb ein Werk. Wie er das Labyrinth in einer Stelle des Buches als etwas beschreibt, das unabhängig von praktischen Zwecken lediglich dafür gebaut sei, das Bedürfnis Daidalos' zu erfüllen, so schrieb er das Buch ohne praktisches Ziel, allein um zu genießen, und er dürfte bei der Arbeit reichlich Vergnügen gefunden haben.

Die Leser mögen aber bei der Lektüre einer bestimmten Ansicht unter den vier zustimmen, jeder von seinem eigenen Standpunkt aus, je nach Beruf und Weltanschauung, wie die vier Figuren. Dieses Bedürfnis ist selbstverständlich berechtigt. Der Leser, der sogar die Information besitzt, dass im vergangenen Jahr die im Labyrinth neu gefundene Hieroglyphe B entziffert wurde, wird ohne Zögern für eine der Figuren Partei nehmen; es ist vielleicht besser, hier nicht zu verraten, für welche. Man könnte mir sonst vorwerfen, ich hätte der Freude an der Lektüre geschadet.

Aber, um es noch einmal zu rekapitulieren: Sich auf die sozusagen „historische Wirklichkeit" zu fixieren, die von den Archäologen entdeckt wurde, fördert den Genuss an der Lektüre nicht. In diesem Sinne ist wohl eher jener Leser als glücklich zu betrachten, der die Forschungsberichte des letzten Jahres nicht kennt: Er kann selbst spekulieren, welche Ansicht als richtig beurteilt wurde, und das kann zur Erfahrung der äußerst freudigen Lektüre beitragen.

Was ich noch betonen möchte: Weder dem Architekten, noch dem Juristen, weder dem Religionswissenschaftler noch dem Schauspieler, sondern dem Autor des wunderbaren Buches, J. Delluc selbst, müssen wir zustimmen. Es ist erstaunlich: Vor fünfzig Jahren, und bevor die Wissenschaftler die Hieroglyphen der Kreter entzifferten, konnte er es lebendig wie mit eigenen Augen gesehen darstellen, was in alten Zeiten auf einer Insel im ägäischen Meer geschehen war.

Ich versichere, dass die phantastische Reise mit dem Autor auf das

Kreta von vor viertausend Jahren eine außergewöhnliche und höchst interessante Erfahrung für Sie wird, wenn nur Sie, die das Buch in der Hand genommen haben, geistig nicht allzu fest auf alte Begriffe fixiert sind. Unser Geist wird oft von fremdartigen Erfahrungen angeregt: Die Vorstellungskraft ist wie die Flügel, die Daidalos und sein Sohn Ikaros mit Bienenwachs bastelten und mit denen sie aus dem Labyrinth entfliehen konnten. Ich wünschte, dieses Buch könnte Flügel an die Schultern der Leser kleben, damit sie aus der Welt wie aus dem Labyrinth entfliehen und in den weiten und freien Himmel von Sizilien fliegen könnten ...

Mein Vorwort scheint zu lang geworden. Ich habe schon zu viel über das Buch verraten, und meine Sorge ist, dass die Leser ihre Neugierde bereits verloren haben. Wenn das der Fall ist, bitte ich um großzügiges Verständnis, es war keineswegs meine Absicht.

Die Innenseite des Hauses

Es klingelte schrill, als ich gerade die Bürotür aufschloss. Das Gebäude lag an der Straße, der Verkehrslärm störte ziemlich, wenn das Fenster offen war. Deshalb hatte ich die Telefonklingel so laut wie möglich gestellt. Aber nun schien ich sie doch etwas zurückdrehen zu müssen. Auch das war allerdings keine Lösung, das wusste ich. Solange ich neben der Industriestraße telefonieren musste, wo schwer beladene, große Lastwagen so schnell fahren durften wie sie wollten, half es wenig, die Lautstärke zu ändern.

Verdammt, ich muss sofort umziehen, so geht das nicht ... Klagend und träge ging ich ans Telefon und nahm es langsam ab; ich dachte, die Angelegenheit wäre sowieso nicht dringend.

„Jetzt sind Sie erst da! Ich habe schon mehrmals angerufen ..."

Die Stimme drängte sofort aus dem Telefon, als hätte sie bereits gewartet, und zerfiel an meinem Ohr. Eine dünne, aber runde Frauenstimme, die wirkte, als würde sie nach irgendwohin abrutschen ... Sie war mir fremd. Es schien mir, als hätte ich eine Art Sirenengeheul gehört. Aber es fuhr kein Auto mit einer Sirene vorbei, und ich hatte auch kein Gerät im Büro, das ein solches Geräusch von sich geben konnte. Ich schaute deshalb etwas irritiert umher. Aber ich konnte nichts entdecken, was annähernd das Geheul hätte erzeugen können.

„Es stinkt. Der Gestank war zu schlimm, ich konnte kein bisschen schlafen."

Ich musste meine Nerven anspannen, um herauszufinden, zu wem die Stimme gehörte. Wer war denn diese Frau, die morgens früh in meinem Maklerbüro anrief und unvermittelt über Gestank klagte? Ich hatte mit keiner anderen Frau als mit meiner Ehefrau eine derart private und nahe Beziehung. Aber es war nicht die Stimme meiner Frau. Das konnte ich hören; vor allem wusste ich, dass sie in der Nacht sehr gut geschlafen hatte. Wegen des Gestanks nicht geschlafen ...? Vermutlich war da jemand falsch verbunden oder rief nur aus Spaß an, aber ich musste nach ihrem Namen fragen. In meinen Ohren war immer noch der Nachklang des Sirenengeheuls zu hören.

„Wer – Sie sind ...?"

„Erkennen Sie meine Stimme nicht? Ich bin's, Im Inhee ..."

Der Name war mir unbekannt.

„Ich glaube, Sie sind falsch verbunden."

Ich wollte schon den Hörer auflegen. Hätte sie nicht in drängendem Ton „Einen Moment!" gesagt, ich hätte es getan. Ich zögerte, und sie fuhr nach kurzer Pause, als hätte sie Atem geholt, mit ruhigerer Stimme fort:

„Hier ist das Haus am Unsun See."

„Unsun See?"

„Ja, vor zwei Wochen eingezogen ..."

Da erst konnte ich mich an ihren Namen erinnern. Mir fiel die weiße, schmale und lange Hand ein, die im Vertrag ihren Namen eintrug. Die blauen Adern, die auf ihrem Handrücken sichtbar waren, hatten auf mich einen ungewöhnlichen Eindruck gemacht, so dass ich die Hand lange betrachtete. Es wurde schon unhöflich.

„Was ist denn? Habe ich etwas Falsches geschrieben?"

Sie hatte wohl meinen seltsamen Blick bemerkt, ihre Stimme klang aber keineswegs vorwurfsvoll.

„Nein, aber ... Wollen Sie den Vertrag unter Ihrem Namen abschließen?" So hatte ich versucht auszuweichen, ohne groß überlegt zu haben.

„Wieso? Geht das nicht?"

„Doch, sicher!"

Ich hatte nicht erwartet, dass sie allein lebte. Als sie zum ersten Mal gekommen war, um das Haus zu besichtigen, hatte – doch, bestimmt – ein Mann sie begleitet. Der Mann war aus einem glänzenden schwarzen Auto ausgestiegen, er trug eine schwarze Sonnenbrille, obwohl die Sonne nicht besonders brannte. Er setzte sie gleich ab, als er ins Büro kam. Trotzdem hatte sich dieses Bild stark in meinem Gedächtnis eingeprägt. Vielleicht, weil die Sonnenbrille mir als

Eindruck von seinem Charakter blieb. Eine Art dunklen Verbergens, obwohl ich nicht wusste, woher dieser Eindruck stammte.

An jenem Tag sprach meist der Mann: Er suche ein Haus in einer ruhigen und schönen Gegend. Wenn es an einem See liege, um so besser.

Als ich gleich auf ein Haus hinwies, das diese Bedingungen erfüllte, fragte er sofort nach Einzelheiten: wie alt es sei, wie weit es vom Dorf entfernt liege, ob der Weg zum Haus nicht holprig und steil sei. So geschäftsmäßig und hart seine Art war, der Mann schien mir höflich und vernünftig. Dennoch fühlte ich mich unwohl. Vielleicht, weil sein Verhalten mir allzu selbstbewusst erschien. Die Frau saß schweigend da und schaute nur zu. Das Haus, das übrigens ihrem Geschmack entsprach, war zweistöckig und stand seit drei Monaten leer. Der Besitzer hatte nur sechs Monate in dem Haus gewohnt, das er ein ganzes Jahr lang mit besonderer Mühe gebaut hatte, und hatte mir dann den Auftrag gegeben, es zu vermitteln. Er war plötzlich nach Singapur oder Malaysia versetzt worden. Vier Jahre bleibe er voraussichtlich im Ausland. So bat er mich, möglichst schnell einen Vertrag abzuschließen – ob zur Vermietung oder zum Verkauf, egal. Das Haus bot eine schöne Aussicht, war geräumig und gut gebaut, lag aber ziemlich weit vom Dorf entfernt. Darum fand sich kein Mensch, der sofort einziehen wollte. Zwar hatte sich in den letzten Jahren unter den Stadtbewohnern eine Vorliebe für idyllisch gelegene Häuser verbreitet, doch es handelte sich dabei lediglich um vage Gefühle. In Wirklichkeit gab es nur wenige Leute, die ein unbequemes Leben in Kauf nehmen und in ländlicher Umgebung leben wollten. Das war meine Meinung, die ich mir in sieben Jahren voller Erfahrungen als Makler in einer Satellitenstadt gebildet hatte. Das am Hügel gelegene zweistöckige Haus, aus dessen Fenstern man einen freien Blick auf den breiten See hinunter hatte, war das Ideal eines idyllischen Hauses. Die Leute, die gekommen waren, um es anzusehen, sparten nicht mit Lob: Die Landschaft sei wie gemalt, hier fühle man sich offen und frei. Jedoch wagte niemand wirklich, den Vertrag abzuschließen.

Daher musste der Besitzer schließlich abreisen, ohne dass jemand in das Haus eingezogen wäre. Als er das Land verließ, gab er mir die Telefonnummer seines Bruders in Seoul und den Hausschlüssel und bevollmächtigte mich, in seinem Namen zu handeln.

Der Mann mittleren Alters mit dem glänzenden schwarzen Auto und die Frau zeigten sofort Interesse, als ich von dem Haus am See mit guter Aussicht erzählte.

„Der See sieht gut aus. Wie findest du es?", fragte der Mann die Frau, während er sich auf die Pyongsang-Bank unter dem großen Pappelbaum setzte. (Ich hatte gesehen, wie der Besitzer, der sich viel Mühe mit dem Haus gegeben hatte, den Pyongsang gebaut hatte.) Dabei trug er noch seine Sonnenbrille, was mich störte. Die Frau lächelte, indem sie ihren Mund verzerrte, und nickte, ohne ihren Blick von dem wie gemalt daliegenden See abzuwenden. Es schien mir, dass ihr Gesicht sich verdunkelte.

„Schließen wir den Vertrag ab." Das hatte der Mann entschieden, soweit ich mich erinnern konnte. Es war auch der Mann, der gesagt hatte, er wolle es nicht mieten, sondern lieber kaufen, wenn ich mich recht erinnerte. Insofern war meine Frage berechtigt, ob die Frau, die nun allein kam, den Vertrag auf ihren Namen abschließen wollte. Zugleich aber war die Frage auch verunglückt, ohne Nachdenken ausgespuckt, um die Peinlichkeit zu überspielen, dass ich so lange auf ihren seltsam klaren und weißen Handrücken geschaut hatte, der in seiner Durchsichtigkeit die Adern sehen ließ. Aber der Mann war nicht nur an dem Tag abwesend, als die Frau den Vertrag abschloss, sondern auch beim Umzug. Trotzdem dachte ich nicht, dass sie allein dort wohnen würde. Dafür war das Haus zu groß und lag auch zu weit abseits.

Seit dem Einzug waren zwei Wochen vergangen, aber nichts war geschehen, weswegen ich meine Meinung hätte ändern müssen. Nein, ehrlich gesagt, ich hatte kein weiteres Interesse mehr an den beiden. Ich hatte schließlich genug Vermittlungsgebühr bekommen und meine Aufgabe war bereits damit beendet, dem Bruder des Besitzers das Dokument und die Verkaufssumme auszuhändigen. Es gab nichts, um das ich mich noch besonders hätte kümmern müssen. Als Makler hatte ich durchaus Verantwortungsbewusstsein und erfüllte meine Pflicht. Für meine Kunden tat ich immer mein Bestes. Meine Aufgabe war nichts anderes als Verkäufer und Käufer, Vermieter und Mieter zufrieden zu stellen. Es gab Kollegen, die sich daneben noch sehr geschickt um Kleinigkeiten kümmerten. Dafür hatte ich aber kein Talent. Ob ich nicht auf die neu eingezogene Frau neugierig war? Ehrlich gesagt, nein. Hätte ich vorher gewusst, dass sie allein leben würde, wäre es vielleicht anders gewesen. Aber nur die Tatsache, dass sie in das schöne Haus am See einzog, rechtfertigte es nicht, einen interessierten Blick auf sie zu werfen.

„Wie meinen Sie das? Wegen des Gestanks nicht geschlafen?", fragte ich vorsichtig.

„Genau wie Sie es sagen. Ich konnte die ganze Nacht kein bisschen schlafen, bei dem unerträglichen Gestank. Egal, ob ich die Fenster und Türen auf- oder zumache, der Gestank geht nicht weg. Was soll ich machen? Also ... Könnten Sie vielleicht einmal bei mir vorbeischauen, wenn es Ihnen nicht zu viele Umstände macht?"

Da ihre Stimme unerwartet ernst war, musste ich ein unwillkürliches Lachen, das auszubrechen drohte, unterdrücken. Der Geruch kam vom Haus? Was für einen Geruch meinte sie? Na ja, welches Haus hat nicht seinen eigenen Geruch? Was konnte ich denn dafür?

Zuerst fühlte ich mich als Makler, der das Haus empfohlen hatte, verpflichtet, die Verantwortung für den Mangel zu übernehmen. Aber da war noch was. Unversehens kam es mir verdächtig vor, dass sie eine solche Kleinigkeit zur Diskussion stellen wollte. Als sie dann noch vorsichtig fragte, ob ich einmal vorbeikommen könne, stellte ich mir etwas Unsauberes vor. Ich fühlte mich, als ob ich ihr errötetes Gesicht gesehen hätte. Ob es daran lag, dass sie am Ende ihres Satzes verlockend die Stimme gehoben hatte, ob dieser Eindruck Ursache oder Folge meiner Vorstellung ihres erröteten Gesichts war, konnte ich nicht genau sagen. Die besondere Lage des Hauses stellte sich plötzlich in anderem Licht dar. In demselben Zusammenhang kam mir zugleich die Vermutung, sie lebe allein, ohne Familie oder Partner. Ich neigte den Kopf zur Seite, voller Bedenken, aber ihre provokante Sprechweise, die wie ein frecher Blick wirkte, verschlug mir zunächst die Sprache.

„Ich komme später vorbei." Das war es, was nach einem Moment aus meinem Mund herauskam.

Den ganzen Tag fühlte ich so etwas wie eine Verpflichtung. Gerade an diesem Tag fand ich aber keine Zeit, bei ihr vorbeizuschauen. So ist das bei einem Makler. Es gibt ruhige Tage, an denen man keinen einzigen Kunden sieht, aber auch Tage, wo man nicht einmal Zeit zum Essen hat. Freilich bedeutet viel Beschäftigung nicht immer Erfolg: Obwohl man von Kunden hierhin und dorthin geschleppt wird, kommt oft kein einziger Vertrag zustande. An solchen Tagen fühle ich mich besonders müde. Trotzdem darf man nie das Missfallen der Kunden erregen. Vor allem aber bin ich stolz darauf, meinen Beruf als Makler gewissenhaft auszuüben, zuverlässig und professionell.

Bis es dunkel wurde, fand ich keine Zeit für sie, obwohl ich ein paar Mal daran dachte, dass ich zu ihr musste. So wurde es dann Nacht. Als es an der Zeit war, das Büro zu schließen, hob ich den Hörer ab, um mich bei ihr anzukündigen, legte dann aber gleich wieder kopfschüttelnd auf. Im Grunde war es überflüssig, mir Vorwürfe zu machen. Auf jeden Fall wollte ich nicht missverstanden werden, indem ich sie nicht am hellen Tag, sondern ausgerechnet nach Sonnenuntergang in ihrem entlegenen Haus besuchen würde, wo sie eventuell allein war. Nicht nur die Frau würde mich missverstehen, sondern es machte mir auch Sorgen, dass irgend jemand mich sehen könnte. Wenn ich darüber nachdenke, muss ich zugeben: ich bin wirklich ein kleinmütiger, ängstlicher Kerl.

Am nächsten Morgen ging ich früher als sonst ins Büro und wartete auf ihren Anruf. Ich bereitete mich schon darauf vor, mich wegen des Vortags zu entschuldigen und auf der Stelle zu ihr zu fahren, wenn sie mich anrufen würde. Aber es klingelte nicht. So schlimm, dachte ich, ist der Gestank wohl doch nicht gewesen. Um so besser. Aus der

Innenseite dieses Gedankens streckte in mir eine schamlose Vorstellung ihren Kopf hervor: Sie hat bestimmt eine andere Absicht gehabt. Ich möchte nicht unbedingt leugnen, dass ich enttäuscht war und noch den Nachgeschmack ihrer Stimme spürte. Dass ich sie nicht selbst anrufen konnte, lag an meinen schamlosen Gedanken. Auf jeden Fall verbrachte ich den Tag mit dem Warten auf ihren Anruf. Aber bis nach Sonnenuntergang meldete sie sich nicht. Da ich etwas vermisste und mir auch das gebrochene Versprechen peinlich war, fuhr ich auf dem Heimweg am See vorbei und schaute eine Weile zum zweistöckigen Haus am Hügel hoch. Im Wohnzimmer brannte Licht, aber ich sah niemanden. Ich kehrte dann nach Hause um, und am nächsten Tag vergaß ich sie.

Hätte ich nicht erneut einen Anruf bekommen und hätte sie nicht wieder über den Gestank geklagt, wäre ich nicht in das böse und seltsame Geschehen geraten ... War es ohnehin unvermeidbar, mein Schicksal? Dass sie so unerwartet wieder in mein Leben trat, brachte meinen Alltag ins Schwanken und hinterließ schließlich eine Wunde in meiner Seele – die Spur der Zeit.

„Sie wollten vorbeikommen, wieso haben Sie das nicht getan?"

Ich erinnere mich, dass es etwa eine Woche später war. Wieder war es morgens und wieder jene schmale, runde, aber rutschende Stimme. Ich erkannte sie gleich. Oder nein, ich ahnte es schon, als ich das Telefon abnahm. Ihre Stimme erinnerte mich an die vorangegangene Nacht und an die Scheinwerfer des Autos, das auf das Grundstück ihres Hauses glitt. Ich fuhr gerade mit einem Kunden, mit dem ich seit langem geschäftlich verbunden war, vom Abendessen. Hätte mein Gast nicht daneben gesessen, ich hätte am Straßenrand angehalten und beobachtet, wer aus dem Auto stieg. Nur rein aus Neugierde. Aber ich musste auf meinen Kunden Rücksicht nehmen und fuhr weiter. Obwohl ich beim Fahren aufmerksam in den Autospiegel blickte, konnte ich nichts erkennen, da es dunkel war und nicht zuletzt, weil ich in die Kurve fuhr.

„Es tut mir leid. An dem Tag habe ich keine Zeit gefunden. Da Sie

nicht mehr angerufen haben, dachte ich, es wäre jetzt in Ordnung ...
Stinkt es immer noch?"

Ich brachte das Gespräch selbst auf das Thema. Weil ich mich
schuldig fühlte, mein Versprechen nicht gehalten hatte, und auch weil
ich mich – vielleicht unbewusst – gegen ein Vorurteil wehrte, das sich
in mir regte.

„Wenn nicht, warum würde ich dann wieder anrufen?", protestierte
sie ein wenig.

„Also immer noch?", fragte ich zurück.

„Kaum geschlafen. Ich hatte Kopfschmerzen und Sodbrennen ...
Ich hab geglaubt, ich werde gleich verrückt."

Irgendwie klang ihre Stimme wie in Not. Bei unserem letzten
Gespräch hatte ich mit aller Kraft versucht, das Unsaubere zu unterdrücken, das in meinem Kopf entstanden war. Und wieder zog mich
die Atmosphäre, die diese Stimme herstellte, langsam in ihren Bann.

„Und wonach stinkt es denn?", fragte ich besorgt.

„Ich weiß es selbst nicht. Es riecht nach Kanalisation, oder nach
verfaulten Fischen, oder nach Chemikalien ... Ich kann es nicht genau
definieren, aber jedenfalls stinkt es unerträglich."

„Sie meinen, es stinkt innerhalb des Hauses?"

„Ich wohne nicht mal einen Monat hier. Wen kenne ich hier denn
sonst? Wie kann ich hier leben unter solchen Umständen? Ich bin
auf Ihre Empfehlung hin in dieses Haus eingezogen, bitte tun Sie
doch etwas!"

Ihre Stimme kam mir klebrig vor. Ich spürte, wie heiß mein Kopf
wurde, und dachte, dass meine Phantasie nun kaum mehr zu unterdrücken war. Nicht nur wegen ihrer Stimme, sondern auch weil
sie ausgerufen hatte, sie kenne sonst niemanden an diesem Ort. So
kam mir unerwartet die Überlegung, sie wolle damit andeuten,
dass sie alleine im Haus wohne. In Gedanken schüttelte ich leicht
den Kopf und versicherte mir selbst, ich täte nur meine Pflicht als
Makler.

„Vielleicht ist die Kanalisation defekt? Die Leute vor Ihnen haben davon nichts gesagt ... Auf jeden Fall komme ich vorbei. Sind Sie heute Vormittag zu Hause?"

„Könnten Sie nicht jetzt gleich kommen?"

Ihre Stimme verriet, wie dringend das für sie war.

Ich konnte nichts anderes sagen als: „Ja. Ich komme gleich."

Es war kein Problem, sie zu besuchen. Nachdem ich den Hörer aufgelegt hatte, zog ich meine Jacke wieder an und verließ das Büro. Der Himmel sah trüb und schwer aus, als würde es gleich gießen. Ich schaute nach oben und prüfte mit ausgestreckter Hand, ob es schon tropfte. Vollkommen feucht, sogar bis in die Seele hinein, aber es regnete nicht. Während ich das Auto startete, merkte ich, wie gehetzt ich mich fühlte. In mir schien alles zu schwanken. In diesem Moment glaubte ich plötzlich, ich hätte wieder jenes Sirenengeheul gehört. Mit bitterem Lächeln schaute ich mich um, einfach so.

Der Unsun-Sees hatte eine gebogene Form. Sie ließ an einen nackten Frauenkörper denken, der, den Hintern herausgestreckt, auf der Seite lag. Das Haus war an der schattigen Stelle unter seinem Hintern platziert. Ein ruhiger Weg schlängelte sich den See entlang, große Pappeln und Weiden, die auf das Wasser Schatten warfen, ragten hier und dort empor ... Allein dadurch war der Ort schön genug. Wenn ich einmal viel Geld hätte, würde ich auch an einem solchen Ort ein Haus bauen und wohnen. Wie oft hatte ich daran gedacht! Wann könnte ich, der Makler, endlich Geld für so ein Haus sparen!

Als ich aus dem Auto stieg, wandte sich die Frau, die mit eingezogenen Schultern dastand und auf den See heruntersah, zu mir und kam her. Sie trug ein weites himmelblaues Hemd und enge Leggings, die die Linie ihrer elastischen Figur unvermittelt nachzeichneten. Mir schien, als ob ihr festes Fleisch durch die Hose platzen würde. Die Haare verdeckten ihre Ohren. Ihr Gesicht war nicht geschminkt. Ich kannte schon ihren Namen und ihr offizielles Alter, es war ja im Ausweis verzeichnet. Demzufolge war sie zweiundvierzig. Wie sie in bequemer Kleidung da vor dem Haus stand, schien sie mir aber jünger. Ich pflegte das Alter von Frauen mit dem meiner Frau zu vergleichen.

Ich konnte nicht glauben, dass diese Frau drei Jahre älter als meine eigene sein sollte.

„Was ist das für ein Gestank, und woher kommt er?"

Statt zu grüßen, kam ich unvermittelt auf das Thema. Zwar glaubte ich einen dünnen, vom See emporsteigenden Wassergeruch wahrzunehmen, aber ein Gestank war das nicht.

„Eben das weiß ich nicht."

Sie ging zügig ins Haus. Ich folgte ihr, mich in alle Richtungen umschauend. Das Wohnzimmer war groß und sauber. Drei der vier Wände waren leer. Lediglich vor einer Wand stand ein einziges Regal mit einer Stereoanlage. Der Klang der Instrumente, der aus der Stereoanlage kam, drang in die Luft des Zimmers ein. Die Musik wirkte geheimnisvoll; wer sie komponiert hatte, wusste ich nicht. Man sagt zwar, die Musik sei die allgemeinverständlichste Sprache, ich aber stand ihr gegenüber wie ein Analphabet den Buchstaben. Meine Ohren waren vollkommen unfähig, diese allgemeinverständliche Sprache zu entschlüsseln. Für eine Person, die der Gestank die ganze Nacht hindurch nicht hatte schlafen lassen, schien mir die Musik ziemlich schwierig. Das befremdete mich, mir wurde unwohl. Dazu war der Boden, den meine Füße spürten, seltsam kalt, so dass all meine Nerven sich anspannten. Ich dachte, das liege an dem Wetter draußen, dem Zustand kurz vor dem Regen, trotzdem war mir drückend zumute.

Die Fenster waren halb offen. Durch sie drang feuchte Luft ein. Die Frau öffnete die Tür der Küche zur Veranda und führte mich. Es gab eine Waschmaschine, eine Kammer mit Heizungsanlagen und einen Abstellraum. Ich schnupperte. Es roch ein wenig muffig. Wegen dieses Geruchs brauchte man sich nicht so aufzuregen.

„Kommt der Gestank von hier?", fragte ich.

„Nicht unbedingt von hier ... Ich weiß wirklich nicht, woher ... Mir scheint, der Gestank verfolgt mich ... Ich schlafe aber im ersten Stock."

Nachdem sie das gesagt hatte, betrat sie die Treppe zur Etage. Obwohl die Stufen aus Holz waren, quietschten sie nicht. Ich folgte ihr.

„Ich habe mir überlegt, ob der Gestank vielleicht aus mir, aus meinem Körper kommt."

Die Frau sprach zweideutig.

„Schau mal einer an!", sagte ich mir. In mir bildete sich ein merkwürdiges Lachen. Ich fühlte, wie meine Muskeln sich von selbst anspannten, und ich täuschte vor zu schnuppern. Die Musik folgte uns. Sie wurde immer leiser, aber sobald wir im ersten Stock waren, war sie wieder so laut wie anfangs. Mir fielen zwei schmale, lange Lautsprecher in der Ecke auf. Die Musik war unverständlich, meinen Ohren zuwider, es war, wie wenn man eine fremde Sprache hört. Mich überkam der Wunsch, die Kabel der Stereoanlage abzuschneiden. Da bewegte sie ihre rechte Hand leicht, als ob sie sich meinen Gedanken widersetzte. Ihre schmalen, langen Finger malten Noten in der Luft. Die Melodie aus den Lautsprechern stieg mit ihren Fingern auf und ab.

„Kennen Sie die Musik? Das ist der ‚Liebestraum‘ von Liszt. Ein Dichter hat sie als Weinen mit himmlischer Schönheit bezeichnet ... Die ganze Nacht hindurch habe ich sie gehört. Wenn sie zu Ende war, habe ich sie wieder gespielt und wieder und wieder. Ich konnte den Gestank wahrscheinlich dank der Musik aushalten. Verstehen Sie? Die Musik neutralisierte ihn. Wenn sie klingt, lässt er nach. Ob sie ihn aufwirbelt und in Äther verwandelt? Oder vielleicht wäscht sie ihn wie Wasser aus? Jedenfalls geht es mir besser, wenn ich die Musik höre. Deshalb konnte ich sie nicht ausschalten. Wenn es diese Musik nicht gegeben hätte, ich wäre schon verrückt."

Das waren ihre Worte. Allerdings konnte ich nicht ganz verstehen, was sie meinte. Statt davon beeindruckt zu sein, wie die Musik den Gestank neutralisierte, war ich eher misstrauisch. Ich konnte mir nicht vorstellen, wie der Klang auf den Gestank wirken sollte. Das wirkte mysteriös, nicht realistisch. So wie die Musik, mir fremd, durchs Haus wehte, so waren ihre Worte ungewohnt und kompliziert. Ich fühlte mich, als ob zwischen uns ein unsichtbarer Vorhang wäre. Wir waren in demselben Raum, aber voneinander getrennt, jeder für sich. Vielleicht war ich verzweifelt, dass ich sie nie würde verstehen können.

Oder vielleicht empfand ich ein Minderwertigkeitsgefühl – was meine nächste Aussage zeigte. Ich wusste nicht, ob es im Kontext passen würde, und auch nicht mehr, woher ich es hatte: Es gebe so etwas wie Musiktherapie, mit der Musik heile man kranke Menschen.

Die Frau schwieg. Ich, zerknirscht und das Gesicht abgewandt, schnupperte nur.

Von der Veranda der ersten Etage aus konnte man auf den See hinuntersehen. Es gab einen kleinen Tisch mit zwei Stühlen aus Eisen, die einander gegenüber standen, und auf dem Tisch waren eine kleine Vase mit einer gelben Blume und zwei Kaffeetassen. Ich war neugierig, mit wem sie Kaffee getrunken hatte, aber ich konnte nicht fragen.

„Hier auch nicht ... Ich weiß nicht. Obwohl es etwas nach Wasser riecht ... Das liegt am See, oder am feuchten Wetter ... Riechen Sie nichts?", fragte sie unruhig, die Verandatür festhaltend. Ich wusste nicht warum: Die Tür und ihr Körper würden lautlos in meine Richtung fallen. Ich dachte, ich würde schwitzen und fasste mir an die Stirn. Aber an meiner Hand war kein Schweiß zu spüren. Ich war aus irgendeinem Grund äußerst angespannt.

„Ich ... Was für ein Gestank ist ... Stinkt es immer noch?"

„Hm ... Er war so stark, ich konnte nachts nicht schlafen, aber nun scheint er verschwunden zu sein."

„Vielleicht – daran gewöhnt?"

„Ich weiß nicht. Tagsüber wurde es auch neulich ein wenig besser. Ich habe schon mehrmals geduscht – vielleicht deshalb?... Oder nein, dank der Musik. Diese Musik ..."

Während sie sprach, strich sie ihre Haare nach hinten. Dabei wurden ihre Ohren enthüllt. Mit trüben Augen sah ich ihre großen, weißen und sinnlichen Ohren. In diesem Moment sah ich sie zucken. War es eine Täuschung? War das Zucken eine Geste, um mich zu ermuntern? Oder ein anderes Signal, eine Mahnung? Zum Beispiel, den Ort zu verlassen? Ich war irritiert. In Gedanken schüttelte ich heftig den Kopf, und dann öffnete ich das Fenster ganz.

„Sie haben sich daran gewöhnt. Wahrscheinlich hilft auch die Musik dabei. Bestimmt. Man muss sich daran gewöhnen. Wie wenn man sich die Nase zuhält, wenn man eine stinkende Toilette betritt, sich aber gleich daran gewöhnt. Unsere Sinnesorgane sind so veranlagt, sich anzupassen und zu assimilieren. Wie könnte man es sonst aushalten? Wie viele schwer erträgliche Dinge gibt es auf der Welt? Nur Gewöhnung hilft ..."

Was sagte ich da? Ich wusste, dass ich Unsinn redete, schon als sich die Worte formten. Ich plapperte ohne zu wissen, ob ich eigentlich selbst davon überzeugt war oder nicht. Vor allem war ich unsicher, ob meine Worte in die Situation passten. Deshalb hielt ich lieber meinen Mund. Ans Fenster gelehnt schloss die Frau sanft ihre Augen. So zeigte sie, dass sie der Musik zuhörte. Wenn es auch ihre Methode war, den Gestank zu überwinden, so war ich doch ziemlich verlegen. Der Wind vom See war feucht. Ich hob eine Hand, strich mir die Haare nach hinten und räusperte mich ein paar Mal.

Es schien zu regnen. Die Luft war schon seit dem Morgen so. Wieder räusperte ich mich und strich mir die Haare nach hinten. Auch an den Haaren spürte ich: Es war wirklich ein nasser, trüber Tag. Vielleicht vom Wetter beeinflusst wurde auch meine Laune nass. Ich versuchte der Musik zuzuhören, aber es gelang mir nicht. Je mehr ich den Klang festhalten wollte, umso dünner und entfernter nahm ich die Musik wahr, und dann war sie schließlich verschwunden wie im Traum. Das ging mir meistens so, wenn ich Musik hörte.

Die Stühle auf der Veranda kamen mir verführerisch vor. Ich hätte mich gern auf einen von ihnen gesetzt und mit der Frau eine Tasse Kaffee getrunken. Aber ich konnte mich nicht setzen. Das zeigte, dass ich mich unwohl fühlte. Der Körper klagte dem Herzen, wie unwohl ihm war, und umgekehrt klagte das Herz. Was die Ursache war, ob die Musik oder die in die Musik vertiefte Frau, war nicht ganz klar. Ich konnte an nichts anderes denken, als dass sie, die mich wegen des Gestanks zu sich gerufen hatte, dem Wichtigsten auswich.

„Vielleicht ist die Kanalisation defekt. Von diesem Fach verstehe ich nichts, ich werde Ihnen einen Techniker schicken."

Es klang wie ein Abschied, obwohl ich es nicht unbedingt so gemeint hatte. Einem Reflex folgend, neigte ich grüßend den Kopf. Bevor ich mich von ihr abwenden konnte, öffnete sie den Mund:

„Vor ein paar Tagen schwammen die toten Fische an der Oberfläche, die weißen Bäuche nach oben. Könnte verschmutztes Wasser aus der Umgebung in den See geflossen sein? Ich bin von der Vorstellung besessen, dass der See schon angefangen hat zu verfaulen. Der See, so klar er ist – manchmal sieht er aus wie verfaulte Organe von Lebewesen.“

„Dieser See?“

„Ist er nicht riesig groß?“

„Das stimmt.“ Ich sprach undeutlich.

„Ich kann da nicht einmal einfach spazieren gehen. Wollen wir einmal um den See fahren?“

Vielleicht war es Einbildung, aber mir kam es vor, als hätte ich dabei ihre Augen sonderbar leuchten sehen. Ihr Blick ließ mich an einen schuppenlosen Fisch denken; schlüpfrig, als hätte ich ihn in der Hand. So ein Lebewesen könnte im See nicht leben. Während ich noch ihren Blick zu interpretieren versuchte, drehte sie sich gleich um – ohne auf meine Antwort zu warten. Ihr Körper, diskret und lautlos wie ein Schatten, trat auf die Treppe und ging nach unten. Das Hemd, das ihren nackten Körper verhüllte, flatterte leicht, ihre langen schlanken Beine in den engen Leggings bewegten sich sinnlich. Die soll zweiundvierzig sein? murmelte ich vor mich hin. Als ich ins Auto stieg und den Motor anließ, stieg sie schweigend neben mir ein. Der Weg um den See war eng und gewunden, nicht asphaltiert, aber nicht sehr holprig. In seiner Mitte waren Autospuren, an den Rändern wucherten Feldgräser. Hier und dort blühten kleine, bunte Blumen. Er wäre ein schöner Spazierweg gewesen, aber ich wusste nicht, wie lange man zu Fuß um den See gehen würde. Ich öffnete die beiden Fenster des Autos. Der Wind stürzte herein. Ihre Haare flatterten nach außen. Sie versuchte sie wieder nach innen zu holen. Ich fuhr langsam. Auf dem holprigen Weg schaukelte mein Auto sanft. Ich atmete tief durch die Nase ein. Sofort füllte sich das Auto mit feuchtem Wassergeruch. Der Geruch klebte an den Sitzen, an meiner Kleidung und an ihren Haaren. Am Wasser saßen ein paar Leute mit Angeln. Mir kam der See – das lag vielleicht an ihrer Erzählung – nicht so klar vor wie an anderen Tagen. Oder vielleicht lag es an der feuchten Luft. Da die Frau an der Seeseite saß, musste ich meinen Blick in ihre Richtung wenden, um den See zu sehen. Ihr Gesicht war auch aus der Nähe betrachtet weiß und glatt. Obwohl sie sich nicht geschminkt hatte, war ihre Haut makellos. Aber die Falten um die Augen konnte sie nicht verbergen. Plötzlich war ich auf sie neugierig: was sie arbeitete, warum sie hier eingezogen war, was für eine Vorgeschichte sie hatte und ob sie allein lebte ... Ich merkte, dass ich nichts über sie wusste.

„Schreiben Sie vielleicht?"

Das fragte ich deshalb, weil mir plötzlich ein Mann einfiel, dem ich irgendwann ein Arbeitszimmer vermittelt hatte. Es war ein paar Jahre her, dass der Mann, etwa Ende Dreißig, mit struppigem Bart, auf der Suche nach einer Unterkunft zu mir kam. Oberste Bedingung war eine ruhige Lage. Wäre auch noch der Preis günstig, dann um so besser. Alles andere, wie groß und wie viele Zimmer, war ihm egal.

Auf meine Frage, ob er Familie habe, antwortete er: „Ich bin allein."

„Brauchen Sie ein Haus?"

„Nein."

Als ich ihn etwas misstrauisch anschaute, sagte er: „Ich bin Schriftsteller."

„Schriftsteller?", wiederholte ich für mich. Er fügte hinzu: „Ich schreibe."

Ich führte ihn nicht zum See, sondern zu einem Dorf am Berg, wo es ein leeres Haus gab. Zwar war ich ein wenig besorgt, da es in der Nähe des Hauses einen Viehstall gab. Er jedoch fand den Ort ideal und wollte sofort einen Vertrag abschließen. Er wohnte da anderthalb Jahre. Ich weiß aber nicht, welche Werke und wie viele er dort schrieb.

„Ich habe früher einmal einem Schriftsteller ein Haus vermittelt. Er suchte auch einen ruhigen Ort. Sind Sie auch Schriftstellerin?"

„Ich, Schriftstellerin?" Sie lachte unerwartet. Ob sie die Frage damit bejahte oder verneinte, war nicht eindeutig. Ich fügte noch hinzu, dass ich sie mir als Schriftstellerin gut vorstellen konnte.

„Gerade habe ich mir auch überlegt: wenn ich schreiben würde, wär's schön. Aber ich bin keine Autorin."

„Aber warum sind Sie hier eingezogen?"

„Hm. Warum bin ich hierhin gekommen?", wiederholte sie. Ich wusste, dass sie sich selbst fragte.

„Sind Sie allein? Der Herr vom letzten Mal ..." Ich sprach den Satz nicht zu Ende und beobachtete ihr Gesicht, da ich aus irgendeinem Grund dachte, meine Frage könnte ihr peinlich sein. Neben uns radelte ein Mann in einer engen, kurzen Radlerhose vorbei. Ein Hund mit nach hinten herunterhängenden Ohren folgte ihm hechelnd.

„Ob er mein Mann ist oder nicht, das wollen Sie wissen?"

„Nein, nicht deshalb ..."

„Das macht mir nichts aus. Ab und zu frage ich mich das selber."

„Ich verstehe nicht, was Sie meinen ..."

„Genau das, was ich gesagt habe. Ist er mein Mann? Meiner? Wenn ich so frage, dann scheint es so zu sein. Aber wenn ich frage, ob ich seine Frau bin, dann kann ich das nicht bejahen. Warum will man so was wissen? Wer bist du für den Menschen, wer ist der Mensch für dich ... Warum fragt man sich so was? Warum muss es immer genau bestimmt werden?" Sie murmelte vor sich hin, als wäre sie allein.

Ich fühlte mich angegriffen, obwohl sie es vielleicht nicht so gemeint hatte, aber ich genierte mich. Aus Peinlichkeit schwieg ich. Als ich das Schweigen nicht mehr aushalten konnte, sagte ich impulsiv, dass ich gestern Abend ein Auto auf ihr Grundstück hatte fahren sehen.

„Es war reiner Zufall, ich fuhr gerade vorbei.", fügte ich hinzu. Aber es schien kein passendes Thema zu sein. Diesmal schwieg sie vorwurfsvoll. Ich schwitzte. Meine Handteller am Steuerrad waren feucht.

Die Frau bewegte ihre Hand auf und ab. Daraufhin stoppte ich das

Auto. Sie stieg zuerst aus, ich folgte. Indem ich die Autotür zuschlug, fragte ich absichtlich laut: „Was ist? Ist mit diesem Ort etwas nicht in Ordnung?"

„Nein. Ich möchte nur laufen", sagte sie mit bedrückter Stimme. Von der nassen Luft schien auch ihre Stimme feucht zu werden. Sie lief vorweg, ich dahinter, etwa einen Schritt entfernt. Während ich lief, schaute ich gelegentlich zum Himmel, der aussah, als beginne es jeden Moment zu tröpfeln, schnupperte, welcher Geruch vom See kam, und warf flüchtige Blicke, um ihre Laune zu erkunden. Der Himmel, tief und drückend, wogte; ich roch nichts vom See, und sie lief träge mit verhärtetem, irgendwie trostlosem Gesicht. Ein alter Mann in kurzer Hose und eine junge Frau joggten hechelnd an uns vorbei. Die Gräser an beiden Seiten des Wanderwegs schwankten und Wasserpflanzen bewegten sich hin und her. Sie schien die Tatsache ganz vergessen zu haben, dass sie wegen des Gestanks nachts nicht schlafen konnte. Ich war ein wenig verwirrt. Das Gefühl ähnelte einer Demütigung. Ich folgte ihr – wie ich dazu gekommen war, wusste ich nicht – und ich kam mir seltsamerweise für einen Moment wie ein treuer Knecht vor. Ich verspürte den Wunsch, diese Anordnung sofort aufzubrechen. Wie verwirrt ich doch war! Das Ergebnis war, dass ich vor ihr ging. Ich schaute noch einmal zum Himmel hoch, schnupperte, beobachtete ihr Gesicht von der Seite und lief schwankend vorwärts. Nah bei uns sah ich eine Bank, von der aus man auf den See schauen konnte. Ich schritt schnell aus und ließ mich darauf fallen.

Obwohl ich befürchtete, sie würde sich nicht neben mich setzen, sondern weiter gehen, forderte ich sie nicht auf und schaute mich auch nicht um. Stattdessen richtete ich meinen Blick nur auf den See. An der Oberfläche erschienen hier und dort kleine Bläschen, dann Ringe, die gleich verschwanden. Das wies darauf hin, dass im Wasser Lebewesen atmeten. Es wirkte, als müsste man nur die Angel auswerfen, und man könnte dann gleich die Fische herausziehen. Mein Blick richtete sich auf die bewegte Wasseroberfläche.

„Oh!" Von ihrem Schrei erschrocken stand ich auf. Sie stand hinter mir abgewendet und schaute zur Straße hin, die zweispurig am See entlang führte. Sie schrie und bedeckte gleichzeitig ihr halbes Gesicht mit den Händen. Es war blass und ihre Knie schienen beinahe den Boden zu berühren.

„Die, die ..."

Sie zeigte mit dem Finger irgendwohin. Auf der Straße unterhalb des Hügels fuhren Lastwagen in einer Reihe. Die Ladeflächen waren mit hohen viereckigen Gittern umgeben, die Schweine einsperrten. Da es sehr viele Schweine waren, sah der Frachtraum eher klein aus.

Ein Wagen, zwei, drei ... Ich zählte bis acht. Für mich war das alltäglich, und so hielt ich die Schweine auf den Wagen für kein besonders erschreckendes Ereignis. Aber es gab sonst nichts, was sie zum Schreien gebracht haben könnte. Ich griff ihr unter die Arme und führte sie zur Bank.

„Es sind nur Schweine. Sie brauchen nicht zu erschrecken."

„Die, die habe ich gestern Nacht gesehen."

„In der Nacht?"

„Im Traum. Ich war kurz vor der Morgendämmerung auf dem Sofa eingeschlafen. Große Lastwagen voller Schweine fuhren in mein Haus. Die Schweine sabberten und quiekten und schrien wütend. Die Wagen kamen über den Garten durch die Wohnungstür herein. Ach, wie groß mein Haus war ... Sie fuhren durch das Wohnzimmer, durch drei Zimmer hintereinander, durch die Küche, die Toilette, hinauf zum ersten Stock, ins Schlafzimmer und in die Wand hinein und dann wieder hinaus. Die Schweine heulten wütend, quiek, quiek ... Ich weiß gar nicht, wie ich dieses Quieken beschreiben soll ... Es war grausig. Noch jetzt wenn ich daran denke, bekomme ich eine Gänsehaut. Wenn es überhaupt eine Hölle gibt und es möglich ist, sie mit einem Laut auszudrücken, dann ist es dieses Quieken. Keine Hölle kann elender, leidvoller und trauriger sein als mein Traum von gestern."

Sie zitterte. Ich dachte, ich müsste ihr zumindest tröstend die Hand auf den Rücken legen, aber ich konnte meine Hand nicht bewegen. Die Lastwagenkolonne hatte sich inzwischen weit entfernt.

„Dann kämpften die vom Wagen heruntergesprungenen Schweine mit den Lastwagen. Sie bissen mit scharfen Zähnen hierhin und dorthin, ein Wagenteil nach dem anderen wurde herausgerissen. Die Wagen wehrten sich allerdings. Auch sie griffen an: Sie stießen die Schweine mit Hörnern und traten mit ihren Füßen. Aus den Wagenkörpern floss schwarzrotes Blut. Auch den Schweinen wurden Fleischstücke ausgerissen. Als die Schlacht beendet war, lebte niemand mehr. Mein Haus, das Wohnzimmer, das Schlafzimmer, das kleine Zimmer, meine Küche, die Toilette und die Veranda waren voll von ihrem Blut und von ihren Fleischstücken. Es war wie auf dem Schlachtfeld. Nein, es war die Hölle. Ich versuchte die Fleischstücke von Wänden, Böden, Tischen, Sofas und Türklinken herunterzubekommen. Die schwarzroten Stücke Schweinefleisch. Aber es war nicht möglich. Nicht, dass ich sie nicht abmachen konnte, sondern sie waren zu den Wänden, Böden, Tischen, Sofas, Bilderrahmen und Türklinken geworden. Sie bildeten meine Wohnung. Mein Haus bestand aus ihnen. Und ich habe wieder Schreie gehört – die grausigen Schweine. Sie heulten alle auf einmal. Mein Haus war voll vom ihrem Quieken. Ich konnte nichts machen. Weder die Wände berühren, noch auf dem Boden oder auf dem Sofa sitzen, noch die Bilderrahmen ansehen, noch den Türknauf drehen. ,So ist die Hölle', dachte ich. Ich war nicht in meinem Haus, sondern in der Hölle. Und ... Und ...“

„Sie sind etwas nervös geworden. Was Sie gesehen haben, waren nur Lastwagen mit Schweinen.“

„Mir wurde nun aber alles klar. Es war nicht die Hölle, oder nicht nur die Hölle, sondern ich ... Ich war im riesigen Schweinekörper. In der klebrigen, stinkenden Höhle aus Schleimhaut war ich. In den dunklen, ekelhaften, fürchterlichen Eingeweiden. Das Innere des Schweinebauchs war die Hölle ... Eben sind doch die Lastwagen vorbeigefahren, die mit Schweinen voll beladen waren?“

„Das ist nur ein Zufall. Traum ist Traum, Realität ist Realität.“

Während ich so versuchte, sie zu trösten, hörte ich wieder das Sirenengeheul. Diesmal klang es ziemlich laut und deutlich, darum wendete ich reflexartig den Blick zur Straße, aber gleich wieder zu ihr zurück. Auf der Straße, auf der die Lastwagen gefahren waren, war es ruhig. Ein graues Auto fuhr langsam vorbei, und weit hinter ihm folgte träge ein Bus. Bis dahin halb stehend, setzte ich mich nun auf die Bank. Diese Haltung, den Hintern auf die Vorderseite der Bank gestützt und den Oberkörper nach vorn gestreckt, wirkte unfein.

„Wohin werden die Schweine transportiert?" Ihre Stimme war ganz angespannt.

„Zum Schlachthof. Wenn man dorthin weiterfährt, gibt es einen riesigen Schlachthof. Er liefert wahrscheinlich mehr als die Hälfte des Schweinefleischs, das im Umkreis der Hauptstadt konsumiert wird. Sicher merken die Tiere, dass sie sich ihrem Schicksal nähern, meinen Sie nicht? Ich weiß nicht, wie sie das merken, aber sie sollen es riechen können, quiekend heulen und sich wehren, um da nicht reinzugehen. Der Geruch des Todes könnte in der Luft um den Schlachthof schweben ... Wenn das so wäre, dann vielleicht ..."

Ich hielt mich zurück, beendete den Satz nicht. Ich bereute, Unsinn geredet zu haben; das Gefühl überfiel mich und verschloss meinen Mund. Aber sie griff ohne Zögern meine Worte auf, als kannte sie ihr Ziel.

„Es stimmt. Ah! Der Geruch des Todes ..."

Ich aber schüttelte gleich den Kopf. Das könnte man sich so vorstellen, aber die Wirklichkeit war anders. Der Schlachthof lag ziemlich weit entfernt. Die Dorfleute merkten kaum, dass es in der Nähe einen Schlachthof gab. Ich hatte bisher keinen Menschen getroffen, der ihn gerochen hätte.

„Aber der Schlachthof liegt ziemlich weit entfernt. Mehr als fünf Kilometer von hier ... Sehen Sie, die Lastwagen, die um die Ecke gefahren sind, sind schon nicht mehr zu sehen. Der Geruch des Schlachthofs bis hierher? Das kann ich mir nicht vorstellen."

„Nicht vorstellen? Was ist das dann für einen Gestank, den ich gerochen habe? Sie glauben mir wohl nicht? Nein ... nicht? Haben Sie nur so getan, als ob Sie mich ernst nehmen würden, obwohl Sie mir gar nicht glauben? Haben Sie nur vorgetäuscht, dass Sie mir glauben?"

Diese Frau ist aber komisch, dachte ich ...

„Also, so war es!" Sie war plötzlich aufgeregt. Ich bewegte meine Hand, um auszudrücken, dass sie sich täuschte. Sie wollte mir aber nicht glauben. Sie stand von der Bank auf und entfernte sich zügig, den Kopf schüttelnd. Dann wandte sie sich ab, als könnte sie ihr aufspritzendes Gefühl nicht ertragen, und rief laut, ihre Hände auf und ab bewegend: „Dann – was bedeutet der Traum? Die Schweine von gestern ... An die glauben Sie wohl auch nicht! Denken Sie, die sind auch nur Einbildung? Mein Gott, so sind Sie! Sie halten mich für eine völlig verrückte Frau."

Sie stand da weinend. In dieser unerwarteten, peinlichen Situation war ich ratlos. Sie zeigte Tränen vor mir ... Ich wusste nicht, wie ich mit diesem plötzlichen Gefühlsausbruch umgehen sollte.

„Bitte verstehen Sie mich nicht falsch. Ich wollte nur ... Schon gut, ich kann dahin fahren. Vielleicht lassen die Leute vom Schlachthof nachts Abwasser in den See fließen. Ja, das kann sein. Ich werde mich erkundigen, bitte beruhigen Sie sich."

Es fing gerade an zu regnen; zuerst ein, zwei Tropfen ins Gesicht, dann ein richtiger Guss. Tucktuck ... Es goss und klang wie Körner auf einem Dreschplatz.

Das Regenwasser floss über unsere nassen Gesichter. Die Kleidung war sofort nass. Die Jogger rannten schneller, die angelnden Männer hielten Regenschirme über sich. Einer von ihnen sammelte seine Sachen zusammen.

„Fahren wir. Sie werden sich erkälten", sagte ich, indem ich ihren Ärmel berührte.

„Fahren Sie nur. Mir macht's nichts aus. Fahren Sie nur und lassen Sie mich in Ruhe." Ihre Stimme bebte.

„Bitte tun Sie das, was ich sage. Kommen Sie wenigstens ins Auto."

Ich zog an ihrem Arm, aber sie stieß meine Hand zurück. Plötzlich war ich ärgerlich darüber, was ich überhaupt hier tat. Ich habe doch mein Bestes getan, dachte ich. Oder nein. Der Ärger war nur mein unbewusster Versuch, die Angst zu verbergen, die mich überfiel. Ich zögerte einen Moment. Ich hätte sie hier gerne alleine gelassen, aber das ging nicht. Sie war zu aufgeregt und der Regen zu stark. Ich entschied mich schließlich, sie mit Gewalt mitzunehmen. Sie widersetzte sich zunächst, aber merkte bald, dass ich mich mit aller Kraft durchsetzen wollte, und folgte mir dann ohne Widerstand. Zunächst flohen wir ins Auto, wie sahen wir aus! Von Gesicht und Kleidung tropfte das Wasser, auch die Sitze wurden gleich nass, und Pfützen bildeten sich. Mit Zorn im Gesicht, startete ich wild. Das Auto fuhr laut an, den Schlamm nach beiden Seiten hin spritzend. Ich schaltete die Scheibenwischer an. Sie jagten heftig das Wasser zur Seite. Doch immer neuer Regen, der sich davon nicht beeindrucken ließ, strömte hinab und griff sie an.

Ich fuhr unbeherrscht. Mein Auto drohte immer wieder, in die unklar nebelige Wasserfläche zu stürzen. Ich musste das Steuer mit den Händen festklammern. Ich hatte nur einen Gedanken: Ich muss sie nach Hause bringen und dann verlasse ich diesen Ort. Möglichst schnell ... Ich war nicht mehr verwirrt, bedauerte nichts mehr, fühlte mich nicht mehr schuldig. Ich war auf einem Weg, von dem aus man in den See stürzen konnte, wenn es schief ging. Das wollte ich nicht. Es war das Beste, sich möglichst schnell von dieser Bahn loszumachen.

Nachdem ich das Auto vor ihrem Haus gestoppt hatte, wandte ich meinen Kopf zu ihr und schaute sie an. Ihr Gesicht war voller Tränen. Man hätte sie für Regenwasser halten können, ich wusste aber, dass es Tränen waren, die ihr Gesicht überströmten. Zum ersten Mal nahm ich wahr, dass Tränen sich nicht mit Regenwasser vermischen können, wie auch Öl sich nicht mit Wasser vermengt. Warum weinte sie? Das unverständliche Weinen war peinlich. Da ich die feste Absicht hatte, mich von alledem zu befreien, und besorgt war, ich könnte vielleicht aufgrund ihres traurigen Gesichts nachgeben, wandte ich mich ab. Selbst wenn sie es gewünscht hätte, ich hatte keine Kraft mehr, sie zu trösten.

„Ich muss mein Büro öffnen ... Sobald es aufhört zu regnen, schicke ich einen Techniker, um überprüfen zu lassen, ob irgendwas in der Kanalisation defekt ist. Ich schaue beim Schlachthof vorbei, obwohl ich kaum denke, dass es da etwas zu bemängeln gibt ..."

Ich sprach absichtlich, ihrem Blick ausweichend, in geschäftlichem Ton. Dabei dachte ich, dass mein letzter Satz sie reizen könnte. Aber sie reagierte nicht darauf. Sie stieg schweigend aus dem Auto und ich fuhr los, als ob ich flüchtete. Das Regenwasser, das der Scheibenwischer hektisch wegwischte, erinnerte mich an ihre Tränen. Ich war bedrückt.

Vielleicht deshalb: Weil ich mich von ihr nicht befreit fühlte, obwohl ich, wie auf der Flucht, dem Haus entkam. Im Gegenteil: Danach fühlte ich mich um so mehr gefangen, nicht nur an jenem Tag, sondern auch am nächsten und am übernächsten. Ehrlich gesagt, es hatte keine wirkliche Bedeutung, was ich ihr beim Abschied gesagt hatte. Obwohl ich versprochen hatte, einen Techniker zu schicken, um die Kanalisation zu überprüfen, oder beim Schlachthof vorbeizuschauen, hatte ich das nie wirklich beabsichtigt. Die Behauptung, der Schlachthof, der mindestens fünf Kilometer vom Unsun-See entfernt lag, sei Ursache des Gestanks, war Unsinn. So ungern ich das sage: Ich war ein bisschen besorgt, sie und ihr Verstand könnten nicht in Ordnung sein, und das bedeutete: Ich musste mich auf jeden Fall von dieser Sache befreien. Damit könnte die Geschichte zu Ende sein.

Meine Befürchtungen über ihre Labilität und ihren Geisteszustand unterschieden sich aber von meinen Sorgen über ihre Lage. Deshalb wanderten meine Gedanken immer wieder zu ihr. Auch ein unerklärbares Schuldgefühl haftete an mir. Im Laufe der Zeit wurde mir immer klarer, dass ich um sie besorgt war. Ich starrte manchmal das Telefon an, und wenn es klingelte, war ich voller Anspannung, ob sie es vielleicht war. Ich kann selbst nicht genau sagen, ob ich auf ihren Anruf wartete. Zwar war es, als sei jeder Nerv von mir mit dem Telefon verbunden, aber das hieß nicht, dass ich von ihr angerufen werden wollte. Auch das Gegenteil konnte der Grund sein. In jedem Fall war es so, dass sie oder ihr möglicher Anruf mich nervös machten. Egal, ob ich auf ihren Anruf wartete oder nicht, ich konnte nicht leugnen, dass ich von ihr gefangen war.

Eines Tages, als ich wieder ein paar Lastwagen voller Schweine vor meinem Büro vorbeifahren sah, fuhr ich zu ihr, ich konnte den Drang nicht unterdrücken. Es war bei Einbruch der Dunkelheit. Im Garten stand noch ein Auto. Ich überlegte umzukehren. Aber es hätte unnatürlich gewirkt, einfach wieder wegzufahren, falls jemand schon bemerkt hatte, dass mein Auto angekommen war. Ich parkte und klingelte. Neben ihrem weißen Wagen, einem Elantra, stand ein schwarzes glänzendes Auto mit Seouler Nummernschild. Was es für ein Modell war, konnte ich zwar nicht erkennen, aber ich war sicher, dass es kein koreanisches war. Ich klingelte noch einmal und wartete einen Moment, aber es wurde nicht geöffnet. Ich betrachtete das schwarze Fahrzeug, das mächtig wie ein Kampfhund dastand, und wandte mich dann um. In diesem Augenblick war eine Stimme von innen zu hören.

„Wer sind Sie?" Das war die barsche Stimme eines Mannes. Ich wusste, dass er mich in der Wohnung auf einem kleinen Bildschirm sehen konnte. Ich, der ihn zu sehen wünschte, hatte keine Möglichkeit, sein Gesicht von außen zu identifizieren. Allein aufgrund der Stimme konnte ich nicht feststellen, ob er jener Mann war, der damals die Frau begleitet hatte.

„Ich bin der Makler von Shinsung. Ist die Dame zu Hause?"

„Was wollen Sie?" Seine Stimme war nicht freundlich und klang, als sei er eben aufgewacht.

„Die Dame hatte mich mit etwas beauftragt ... Sie meinte, es gäbe im Haus Mängel ..."

„Mängel? Sie hat mir nichts davon erzählt ... Kommen Sie später wieder, sie ist gerade nicht da."

Das war's. Er legte schon den Hörer der Haussprechanlage auf. Mich überkam ein unangenehmes Gefühl, aber was konnte ich schon dagegen tun. Genau überlegt, hatte ich nichts Besonderes mitzuteilen. Ob sie zu Hause war oder nicht, war nicht meine Sache, und vielleicht war es auch besser so. Ich wandte mich schließlich ohne Bedauern um. Das schwarze Auto glänzte prahlend in der Abendsonne. Geblendet schaute ich mit zusammengekniffenen Augen wieder auf den Wagen und sah die Frau um den See spazieren. Obwohl sie etwas weit entfernt war, erkannte ich sie sofort. Ich zögerte einen Augenblick, um zu überlegen, ob ich sie ansprechen oder einfach zurückfahren sollte. Es war eigentlich egal. Wenn ich ehrlich war, hatte mein Besuch damit zu tun, dass sie allein wohnte. In jenem Moment handelte es sich nicht darum, ob ihre Klagen auf Wirklichkeit oder Phantasie beruhten, sondern nur darum: Sie brauchte jemanden, mit dem sie über das Problem reden konnte. Aber zu diesem Zeitpunkt hatte sie niemanden, sie war allein. Wenn sie mich damals nur deshalb gerufen hatte, wenn es ihr nur darum gegangen war, dann gab es jetzt hier keinen Platz für mich. Das hatte mir der Besitzer des schwarzen Autos im Haus mit seiner barschen Stimme deutlich genug zu verstehen gegeben:

‚Mängel? Sie hat mir nichts davon erzählt ... Kommen Sie später wieder, sie ist gerade nicht da.‘

Jetzt war die Lage ganz anders als beim letzten Mal. Wahrscheinlich war auch die Frau verändert. Darum dachte ich: Wie unpassend. Nicht nur unpassend, sondern auch unverschämt, ordinär und heimtückisch – je nach Blickwinkel kam das alles infrage. So kam ich zu dem Schluss, ich sollte schnellstens wieder fahren, bevor ich ihr auffiel. Diese Entscheidung war jedoch nicht einfach durchzuführen. Sicher hatte sie mich schon gesehen, oder wenigstens empfand ich es so, dass sie mich schon gesehen hatte, und nun war es sicherlich kein angemessenes Verhalten, einfach wegzufahren.

Ich schaute noch einmal zur oberen Etage des Hauses hoch, wo wahrscheinlich der Mann war, und ging langsam zu der Frau. Das Fenster zum See war verhängt. Die Sonne ließ den See rötlich leuchten, und es schien, als schlitterte sie darauf. Ein paar Kinder lachten schreiend und rannten. Dann warf ein Kind einen Stein auf die Wasseroberfläche. Andere Kinder machten es nach. Die Steinchen, klein wie Go-Steine, prallten ein paar Mal auf den Wasserspiegel und versanken dann. Die Angler waren nicht zu sehen.

Als ich näher kam, öffnete sich ihr Mund zu einem „Ah!", so wie es jemand tut, der sich erschrocken hat, und sie schaute mich an. Wusste sie nicht, dass ich gekommen war? Hatte sie das Auto nicht gehört? Ich war enttäuscht, obwohl ich wusste, dass das vorkommt, wenn man sehr in Gedanken vertieft ist. Ich hätte nicht kommen sollen, dachte ich.

„Ich bin gekommen, weil ich um Sie besorgt war. Aber Sie waren nicht zu Hause. Ich wollte einfach zurückfahren, dann sah ich Sie spazieren und ..."

Eigentlich wollte ich sie nur begrüßen, aber seltsamerweise wurde es wie eine Ausrede, die ich stockend vortrug. Sie beugte sich leicht und setzte sich auf eine Bank. Halb hatte ich mich neben sie gesetzt und stand nun gekrümmt, ohne die Bewegung zu Ende zu führen.

„Wie geht es so?"

„Sie meinen?"

„Ich habe vergessen, den Techniker zu schicken. Ich bin unverzeihlich ..."

Als ich das sagte, war mein Bedauern echt.

„Dort ... Waren Sie dort?"

Diesmal fragte sie mich.

„Wo?"

„Sie wollten doch beim Schlachthof vorbeischauen?"

„Noch nicht... Es tut mir leid."

Ich senkte wieder meinen Kopf. Aber sie brachte in ihren Worten kein Gefühl zum Ausdruck, wobei nicht klar war, ob sie es schon geahnt hatte oder ob es ihr gleichgültig war.

„Aber ich, ich war da. Gestern ... Es dauerte nur eine halbe Stunde zu Fuß."

„Sie waren da, dort ...", murmelte ich, ohne zu wissen, was ich damit sagen wollte.

„Als ich ankam, fuhren die Lastwagen mit den roten Fleischstücken der toten Tiere gerade vom Hof weg. Die Lastwagen hatten meist Gefrieranlagen, aber es gab auch welche ohne, bei denen die Fracht einfach so mit Planen bedeckt war. Wenn der Wind wehte, flatterten sie. Durch die Lücken waren die roten Fleischstücke zu sehen. Die Tiere, denen man gerade den Atem geraubt hatte, wackelten in der Luft. Ihre rote Färbung erinnerte mich daran, wie sehr diese Lebewesen vor dem scharfen todbringenden Messer gezittert und gezappelt haben mussten, wie unermesslich traurig und verzweifelt sie gewesen sein mussten, wie vor einem Abgrund. Und wie sie ihr grausames Schicksal, dem sie nicht entkommen konnten, wider Willen akzeptierten, und dabei leise weinten. Wäre es möglich, würde das Tier vor dem Messer flüchten. Deshalb heult es und klagt und tobt, um von den Messerspitzen wegzukommen. Aber im letzten Moment erkennt es, dass das Messer scharf geschliffen wurde und dass es zielt, nur um das Tier zu zerschneiden: Das Messer zu akzeptieren ist sein unvermeidbares, grausames Schicksal, es gibt keinen anderen Ausweg. So bietet das Tier seinen Hals dar. Im letzten Augenblick des Todes ist es bestimmt nur still. Still wie der Tod. Was hätte es gegen das Messer tun können, das nur für es geschliffen worden war? Was hätte es sonst tun können, außer sich zu opfern?"

„Es waren nur Fleischstücke."

Es ekelte mich an, wie ernst sie über diese Sache sprach. Vielleicht fand ich es auch weniger abstoßend als peinlich. Nicht leichtsinnige Leute, sondern gerade sehr ernsthafte Personen verursachen Peinlichkeit. Leichtsinn wirkt unangenehm, aber nicht peinlich. Ihr Ernst kam vom übermäßigen Grübeln über eine Sache, und das schleppte ihre Gedanken und ihre Sprache in eine nicht nachvollziehbare Welt. Auch dass sie dachte, ihr Haus stinke, war dafür ein Anzeichen.

„Das ist das Fleisch, das gekocht auf den Tisch gestellt wird. Die Leute kauen seine Traurigkeit, seine Verzweiflung und seine Seufzer mit, während sie unsinnige, dreckige Witze reißen, oder Dinge ohne Bedeutung planen ... Sie denken nicht einmal darüber nach, dass das, was sie da essen, nicht einfach Fleisch ist, sondern Traurigkeit, Verzweiflung und Seufzer eines Lebewesens. Sie wissen nicht, dass diese Traurigkeit, Verzweiflung und Seufzer in ihrem Körper zu ihrer eigenen werden. Niemals erfahren sie es."

Meine Vermutung traf zu. Sie nahm einen Weg, den ich nicht kannte und mir gar nicht vorstellen konnte. Mir waren ihre Gedanken und ihre Worte fremd – oder genauer gesagt: der enge, steile Weg, auf dem ihre Gedanken und Worte sich bewegten. Ich verspürte die Angst, die ich immer dann empfand, wenn ich etwas Fremdem gegenüberstand. Eine unerwartete Vorstellung quälte mich. Noch bevor sie klar umrissen werden konnte, ahnten sie die Wimpern des Inneren und wogten schon aufgeregt. Rote Fleischstücke frisch getöteter Kühe und Schweine baumelten vor meinen Augen.

„Wenn das Leben entwichen ist, stinkt der Körper. Dass Fleischstücke stinken, während sie verfaulen, kommt daher, dass sie aus einer Masse von Traurigkeit, Verzweiflung und Seufzern bestehen. Nicht das Fleisch verfault, sondern Traurigkeit, Verzweiflung und Seufzer verfaulen. Nicht ihr Körper, sondern ihr Geist ist es ... deshalb stinken sie."

Ich hätte beinahe geschrien, vielleicht vor Freude, oder aus Not. Jene unklare Vorstellung, die die Wimpern des Inneren unruhig wogen ließ, wurde für einen Moment klar, als ginge ein Licht an. Ich konnte ein wenig spüren, wovor sie Angst hatte, warum sie litt und wovor sie Ekel empfand. Allerdings handelte es sich doch nur um mein Gefühl. In Wirklichkeit sah ich lediglich, dass ein unklares Zeichen etwas klarer wurde, aber ich war nicht in der Lage, seine Bedeutung zu ahnen. Ich wünschte, sie würde es für mich interpretieren. Obwohl ich andererseits wünschte, mich schnell von diesem unverständlichen, peinlichen Gespräch zu befreien. Ich war durcheinander und so irritiert, ich wusste nicht einmal, was ich mir eigentlich wünschte. Das war so unklar wie meine unruhige Körperhaltung, immer noch in der Bewegung des Hinsetzens verharrend, mein Oberkörper zu ihr hin gebeugt, auf diese Weise halbwegs vornüber geneigt.

„Im Haus ... da war jemand. Ist das der Mann, der mit Ihnen zusammen gekommen war, um das Haus zu besichtigen?"

Ich hatte eigentlich weder diese Frage stellen wollen noch eine andere. Mein Wunsch war wohl nur gewesen, das Thema zu wechseln. Aber nicht auf diese Weise. Nicht immer sind Worte wie das Pferd des Eilboten, der die Gedanken treu mitteilt: Mal galoppieren sie in eine andere Richtung als der Gedanke, oder sie sind eher da als er. Sie träumen oft davon, vom Gedanken unabhängig zu sein. Die Worte sind eine Kolonie des Gedankens und träumen von Unabhängigkeit. Ich bin nicht davon überzeugt, dass die Worte die Außenseite des Gedankens sind und der Gedanke mit dem Wort im innigsten Verhältnis steht. Ich würde nicht sagen, dass meine Worte immer nur vom Gedanken stammen.

„Der Mann ..."

Sie schaute zum See, dessen Wellen in der untergehenden Sonne wie lange rote Schuppen wirkten, ich sah zu ihrem Haus hoch. Das breite Fenster zum See war noch verhängt, so dass man weder hineinschauen noch den Mann erkennen konnte.

„Er verehrte mich schon, als mein Ehemann noch lebte."

„Er ist nicht Ihr Mann?"

Sie lachte mit seltsam verzogenem Mund. Ich merkte: dauernd sagte ich etwas, was nicht gut überlegt war.

„Er ist plötzlich gestorben. Ich meine, mein Mann. Was auf der Welt wichtig ist, geschieht meistens so plötzlich: Nichts Wichtiges geschieht erwartet. Es war ein Unfall. Ein Taifun schlug den Zug um, mit dem er fuhr. Zwei Monate lang lag er im Krankenhaus, aber er kam nicht mehr zu sich. Ich entschloss mich, ihm zu folgen. Wirklich. Wirklich, ich wollte nicht mehr leben. Ich hatte keinen Mut, allein auf einer Welt zu leben, in der er nicht existierte. Wie sollte ich noch leben, und wofür? Mein Liebster, der für mich mehr als mein Leben bedeutete, war doch tot! Nach der Beerdigung, nachdem ich alles geregelt hatte, wollte ich mich umbringen, um ihm zu folgen. Sonst hatte ich keinen Gedanken. Aber ist es nicht seltsam? Als ich

dann sterben wollte, ging es nicht. Er war gestorben, er war mein
Leben gewesen, aber trotzdem konnte ich mich nicht umbringen.
Am Ende konnte ich nicht sterben, sondern ich lebte. Ziemlich lange
verbrachte ich meine Zeit nur in der Wohnung, vielleicht ein halbes
Jahr lang. Trotzdem aß ich, trank Kaffee und hörte Musik. Wenn ich
im Fernsehen eine dieser Serien sah, weinte ich, oder ich lachte bei
einem lustigen Programm. Wenn ich mir selbst ekelhaft vorkam, rauf-
te ich mir die Haare und heulte los. Es ist grausam, dass ich lebe. Ich
hatte mir überhaupt nichts vorstellen können, außer dass ich sterbe.
Dass ich doch weinen, lachen, essen und schlafen konnte ... Meinem
Mann war ich nicht gefolgt, ich lebte noch, aber ich habe geschwo-
ren, allein zu leben bis zum Ende; mit keinem anderen Mann zu
leben. Niemanden mehr zu lieben, keine Liebe anzunehmen ... Jede
Nacht habe ich das meinem verstorbenen Mann versprochen. Aber
auch dieses Versprechen konnte ich nicht halten."

Sie stieß einen langen Seufzer aus. Immer noch verzog ein seltsames
Lächeln ihren Mund und zeigte den Sarkasmus, mit dem sie sich selbst
betrachtete. Ich schaute nochmals zu dem Haus hoch und sagte dann:

„Der im Haus ist doch der Mann, der Sie begleitete."

„Ja. Er hat mich in der Wohnung, in der ich verschlossen lebte,
besucht und nach draußen geholt. Er war ein Freund meines Mannes
und der Arzt, in dessen Krankenhaus mein Mann zwei Monate lang
lag. Er meinte, ich sei auch krank. Er besuchte mich immer wieder
mit der Begründung, kein Arzt dürfe eine Kranke vernachlässigen.
Und dann bekannte er, dass er mich schon lange liebte ... Ich war mir
sicher, das würde mich nie beeindrucken, und ich beteuerte immer
wieder: Bei mir gibt es keine Liebe mehr – aber es kam anders. Wie
er es mir empfohlen hat, bin ich hier, in ein Haus an einem so entlegenen Ort, eingezogen. Sie sehen, ich bin verdorben. Ich könnte mich
damit herausreden, dass er hartnäckig um Liebe geworben hat. Das
stimmt auch, aber ich weiß genau, dass das lediglich eine Ausrede ist.
Es schaudert mich vor einer wie mir, ich hasse mich. Er? Er ist ein
guter Mensch. Er hat noch sein Haus und seine Familie, das bedrückt

mich ... Ich mag ihn auch, das ist mein Problem. Deshalb schaudert es mich um so mehr. Ich wünschte, er wäre ein böser Mann. Lieber würde ich ihn nicht mögen. Das ist aber nicht einfach. Aus Ekel vor mir selbst kann ich oft nicht schlafen und raufe mir die Haare. Die Nacht danach, wenn er bei mir geschlafen hat, kann ich mich nicht mehr ertragen. Deshalb ..."

„An solchen Tagen riechen Sie den Gestank stärker."

Sie senkte schweigend den Kopf. Ein Paar mittleren Alters mit Sportmützen ging Hand in Hand an uns vorbei. Eine Libelle, die sich uns näherte und sich im Kreis drehte, setzte sich auf ihre Schulter. Sie schien es dort bequem zu finden. Das konnte aber auch eine Täuschung sein. Ununterbrochen verdrehte sie die Augen, als wäre es doch nicht so gemütlich. Sie nahm an jedem Ort Platz und war immer vorbereitet, ihn gleich wieder zu verlassen. Die Frau nahm die Libelle auf ihrer Schulter nicht wahr. Sie schien nicht zu wissen, dass ihre Schulter der Libelle für einen Moment zum Ausruhen diente. Ich aber wusste nicht, dass der Mann im Haus die Tür geöffnet hatte und zu uns herüberkam.

„Hier bist du also?"

Ohne einen Blick für mich ging er direkt auf sie zu. Die Libelle auf ihrer Schulter flog weg, als wäre sie mürrisch geworden, weil immer dasselbe passierte. Als ich höflich meinen Kopf beugte, nickte er flüchtig zurück, und sein Starren drückte die Frage aus, wer ich sei. Ich gab ihm meine Visitenkarte.

„Ach ja. Sie sind immer noch da?"

Dann wendete er sofort den Blick zu ihr.

„Also, ich werde jetzt gehen. In ein paar Tagen wird die Kanalisation kontrolliert."

Mit diesen belanglosen Worten riss ich mich los. Das musste ich.

Bevor ich mein Auto anließ, schaute ich zurück. Der Mann ging den Wanderweg entlang, während er die Schulter der Frau umschlang, auf der die Libelle gesessen hatte. Der Sonnenuntergang, der See, der enge und krumme Wanderweg und das Paar, das vor dem Hintergrund anderer Spaziergänger langsam lief, das alles schien mir wunderschön, wie ein Gemälde, und ich konnte nicht sofort losfahren. Einen Moment lang irritierte mich, dass, was mir bis eben noch peinlich, fremd und unbequem vorgekommen war, sich plötzlich als vertraut, angenehm und schön darstellte. Aus einiger Entfernung schien mir, als sei ihr innerer Schmerz verschwunden – nein, er verschmolz sogar mit dem Bild und wurde zu einem Teil der schönen Landschaft. Auf dem ganzen Rückweg gingen mir viele Gedanken durch den Kopf, und ich war ein wenig traurig.

Es wäre gelogen, wenn ich sagen würde, ich wäre seitdem von ihr und ihrem Haus völlig befreit gewesen. Vor allem wäre es Selbsttäuschung. Manchmal dachte ich an sie, an ihren Schweinetraum und an die roten Fleischstücke der frisch geschlachteten Tiere, die sie beim Schlachthof gesehen hatte, und versuchte mich an die Traurigkeit, die Verzweiflung und die Seufzer der Schweine zu erinnern. Wenn das Telefon klingelte, war ich automatisch angespannt. Dabei glaubte ich doch fest, dass sie mich nie wieder anrufen würde! Das war mein Empfinden, so unbegründet es klingen mag. Vielleicht lag das daran, dass sie mir ihr Geheimnis anvertraut hatte, aber sicher sein konnte ich nicht. Sie hatte von sich erzählt, obwohl ich nicht danach gefragt hatte – von Emotionen überwältigt möglicherweise, aber auch das wusste ich nicht. Bestimmt bereute sie das jetzt, so vermutete ich. Trotzdem konnte ich nichts dagegen tun, dass mir immer wieder ihre Gestalt einfiel.

Ab und zu überwältigte mich ein Impuls. Dann fuhr ich los, zum See, und schaute eine Zeitlang zu ihrem Haus hoch. Die Fenster waren immer verhängt. Sie war nicht zu sehen. Das hieß jedoch nicht, dass niemand dort lebte. Nachts beim Vorbeifahren sah ich die Fenster leuchten. Ihr weißes Auto, der Elantra, stand fast immer an seinem Platz. Einmal, als ich mein Auto auf der Straße am See anhielt, hörte ich die Schweine schrill quieken, als würden sie sich mühsam übergeben. Sie tobten auf vier fahrenden Lastwagen. Ich erinnerte mich an den Schweinetraum der Frau, aber ich fuhr dann gleich weiter.

„Ich habe jetzt herausgefunden, woher der Gestank kommt."

An jenem Tag goss es. Im Büro klingelte das Telefon. Gerade schaute ich einen Fernsehbericht über schwere Regenschäden in den mittleren Provinzen. Ohne zu grüßen fing sie unvermittelt mit diesem Satz an. Mittlerweile machte mich das Klingeln nicht mehr so nervös, mein Interesse an ihr hatte nachgelassen. Deshalb überraschte mich ihre Stimme am Telefon. Ich runzelte die Stirn, da sie immer noch über den Gestank klagte. Ich war missmutig: Hatten wir nicht schon beim letzten Gespräch einigermaßen geklärt, was für sie den Gestank ausmachte? Hatte sie nicht den symbolischen Charakter des Gestanks zugegeben? Das gefiel mir nicht. Was hatte sie schon wieder über den Gestank zu sagen?

„Wie, stinkt es wieder?"

Das waren meine ersten Worte, sie spiegelten meinen Missmut wider. Sie ignorierte meine abweisende Reaktion. Dass ihre Stimme im Telefon etwas gehetzt klang, merkte ich zuerst gar nicht.

„Es ist die Wand. Die im Schlafzimmer. Da verfault irgendwas."

„In der Wand? Sie meinen, es gibt etwas da drin?"

„Ja."

„Haben Sie davon geträumt?"

„Nein. Diesmal nicht. Irgendwas muss in der Wand verfaulen."

Da es mir unsinnig vorkam, wollte ich lachen, konnte es aber nicht.

In diesem Moment fiel mir plötzlich ein Zeitungsbericht ein. Es ging um eine Frau, noch nicht sehr alt, die fünf Jahre lang in einem Zimmer mit dem Leichnam ihres verstorbenen Mannes gelebt hatte. Was vom Leben verlassen ist, stinkt. Der Glaube, dass ihr Mann auferstehen würde, ließ sie den Gestank des Leichnams aushalten. Sie benutzte Konservierungsstoff und Parfüm, aber der Konservierungsstoff konnte die Fäulnis nicht verhindern und das Parfüm den Gestank nicht beseitigen. Trotzdem sprach sie mit dem Mann, aß neben ihm und schlief nachts neben seinem verfaulenden Körper unter einer

Decke. Sie tat dies fünf Jahre lang. Was für eine furchtbare, schreckliche Hoffnung! Eines Tages starb sie dann neben dem Mann, der nicht auferstand, obwohl sie so lange gewartet hatte. War sie vom Warten ermüdet, wollte sie selbst den Mann finden? War es ihr Weg zum Tod, sich ruhig neben ihn zu legen? Gab es einen Weg dorthin?

„Man muss die Wand aufreißen."

Die Hektik ihrer Stimme merkte man sogar durch das Telefonkabel. Sie war völlig außer Atem. Den Zeitungsbericht im Hinterkopf, fühlte ich mich verwirrt, und gleichzeitig war ich besorgt, dass etwas in ihrem Haus geschehen und sie eine Dummheit begehen könnte. Zudem befürchtete ich, sie könnte den Artikel gelesen haben. Dann identifizierte ich sie wieder mit der Frau aus der Zeitung. In meiner Vorstellung sprang ein verfaulter Körper heraus, wenn man die Wand aufriss, wie sie es sich vorstellte. So würde dann der Traum zur Wirklichkeit. Endlich die Quelle des Gestanks zu entdecken, bedeutete kein Aufatmen – hatte sie nicht gesagt, wo das Leben entwichen sei, stinke es, und was da verfaule, sei nicht das Fleisch, sondern die Traurigkeit, die Verzweiflung und die Seufzer?

„Die Wand muss aufgerissen werden."

Sie sagte es noch einmal, entschieden, als wollte sie sich selbst überzeugen.

„Warten Sie. Ich komme gleich vorbei."

Sobald ich aufgelegt hatte, verließ ich das Büro. In dem Moment hörte ich wieder jenes unangenehme Sirenengeheul, das selbst die kleinsten Wimpern des Inneren sich sträuben ließ. Da spürte ich vage, dass ihr Krisengefühl mich schon angesteckt hatte. Ich konnte jetzt nicht mehr klagen: Warum mache ich diesen Unsinn mit, den sie anstellt? Ich ließ sofort das Auto an und fuhr schnell in den Wolkenbruch. Der starke Regen streckte sich wie Zugseile vom trüben Himmel auf die Erde herab, auf der sich Pfützen bildeten. Die Scheibenwischer bewegten sich ununterbrochen heftig, auch ich war hektisch und aufgeregt. Mich beunruhigten ihre Worte, die mir plötzlich ohne Zusammenhang in den Sinn kamen: ‚Mein Haus war voll von ihrem Quieken.' ‚So ist die Hölle, dachte ich ...' ‚Nicht das Fleisch verfault, sondern die Traurigkeit, die Verzweiflung und die Seufzer verfaulen ...' ‚Ich habe mir überlegt, ob vielleicht der Gestank aus mir kommt ...' ‚In der klebrigen, stinkenden Höhle aus Schleimhaut war ich. Das Innere des Schweinebauchs war die Hölle ...' ‚Wenn das Leben entwichen ist, stinkt der Körper ...'

Als ich fast an den See gelangt war, war die Straße überschwemmt. Die Autos auf der Straße fuhren wie kriechend, halb versunken. Mein Wagen konnte auch nichts anderes tun.

„Was ist passiert?"

Durch den Spalt des nur wenig heruntergekurbelten Fensters fragte ich einen Taxifahrer, der mir entgegenkam.

„Der Damm soll beschädigt sein. Das ist wohl das Wasser vom See. Fahren Sie nicht dahin."

„Wie ist denn sowas möglich?"

„Das kommt vor."

Der Taxifahrer schloss schnell wieder das Fenster und fuhr los, ich auch. Das Auto schlug Wellen wie ein Boot. Auch im Wagen war es nass geworden, obwohl das Fenster nur kurz geöffnet gewesen war. Als ich mir mit der Hand über das Gesicht strich, wurde sie ziemlich feucht. Zwischen Himmel und Erde wogte nur noch das Wasser. Mühsam ins dunkle schaukelnde Wasser hineinzufahren schien mir unendlich sinnlos.

Das früher im See zurückgehaltene Wasser floss über den Damm hinweg, dessen Krone weggeschwemmt war. Wenn er ganz brechen würde, wäre es eine Katastrophe. Wie der Taxifahrer gesagt hatte, sollte ich lieber nicht weiterfahren. Aber umkehren konnte ich auch nicht. Ich hatte ja von ihr einen Notanruf bekommen und konnte nicht so tun, als hätte ich von nichts gewusst.

Im Regen sah ihr Haus elend aus. Die Wohnungstür war zugeschlossen. Ich klingelte ein paar Mal; keine Reaktion, die Tür wurde nicht geöffnet. Ich entfernte mich etwas von der Tür und versuchte ins Haus zu blicken. Die Vorhänge waren geschlossen. Ich schaute, ob nicht vielleicht ein dünner Lichtstrahl durch irgendeine Lücke leuchtete, aber keine Spur. Stattdessen sah ich die Fenstertür im oberen Stock geöffnet. Der Vorhang, vom Regen schwer, flatterte in der Öffnung. Dieses Flattern beunruhigte mich noch mehr. Von einer unerklärlichen Kraft gezogen trat ich kräftig gegen die Wohnungstür. Das Glas zerbrach ohne Geräusch. Ich öffnete die Tür von innen, indem ich durch die zersplitterte Scheibe griff. Von meinen Haaren und der Kleidung tropfte Regenwasser.

„Ist jemand da?"

Ich schrie in die Wohnung hinein, ohne eine Antwort zu erwarten. Ohne die Schuhe auszuziehen trat ich ins Wohnzimmer. Die Musik klang schwebend, als drehte sie sich im Raum. Beim letzten Mal war es Liszts' Liebestraum. Ich wusste nicht, ob es die gleiche Musik war, und hatte auch keine Zeit, es festzustellen. Ich öffnete ohne weiteres die Tür eines Zimmers. Es war leer. Ich rannte dann ohne Zögern in den ersten Stock hinauf. Der Klang der Musik folgte mir.

Sie war im Schlafzimmer – oder nein, sie war nicht da. Das, was ich sah, waren zerbrochene Betonreste, Ziegelstücke und Erdklumpen. Eine Wand war aufgerissen. Nur das Eisengerüst war wie ein Skelett entblößt stehen geblieben. Die Bilder, die früher an der Wand hingen, lagen auf dem Boden. Das Bett, das von Ziegelstücken und Erdklumpen bedeckt war, war nicht mehr als Bett zu bezeichnen. Der Kleiderschrank, der an der Wand gestanden hatte, lag umgekippt, dabei wirkten die Kleidungsstücke wie herausgewürgte Eingeweide. Es war chaotisch. Sie war nicht zu sehen. Als ich den umgekippten Schrank beiseite geschoben hatte, und noch Beton- und Ziegelstücke, und Erde, stieß ich auf eine menschliche Hand. Mein Herz stockte, es fiel wie ein Stein. Allein der Gedanke, dass sie Recht haben könnte, war grauenhaft. Den Kopf immer wieder schüttelnd fing ich an, den Schutt auf dem Boden zu beseitigen. Es war staubig. Auch die Musik klang zerbröckelt wie Staub. Ich fühlte mich schwerer als Blei, diese Musik klebte wie Staub an meiner feuchten Kleidung. Auch mein Herz war bleischwer. Während ich den Müll wegräumte, wusste ich nicht, was ich erwartete. Ob ich sie unter diesem Haufen finden würde? Nein, es war klar, ich rechnete nicht damit. Trotzdem ließ die Vorahnung, ich würde sie finden, meine Hände hektischer graben. Ich stellte den umgekippten Kleiderschrank wieder auf, nachdem ich die Kleidungsstücke herausgenommen hatte, und genau da, wo ich ein kissengroßes Betonstück wegnahm, sah ich sie dann. Sie lag gerade ausgestreckt. Ich versuchte nicht festzustellen, ob sie lebte oder tot war. Unnötig. Kein Zweifel, sie war bereits tot. In ihrem kalten Körper, den das Leben verlassen hatte, sah ich den schwarzen Schatten der Verwesung. Die Fäulnis war bereits fortgeschritten. Vor etwa einer halben Stunde hatte ich doch ihre Stimme gehört! Wie war das möglich? Konnte ein menschlicher Körper so schnell verwesen? Es konnte nicht sein. Es sei denn, die Fäulnis hätte schon früher eingesetzt, sonst konnte er sich nicht innerhalb einer halben Stunde in so grausamer Weise verwandeln. Der Prozess der Fäulnis ... hatte er vor dem Tod schon begonnen? Kalter Wind durchfuhr meine Brust.

In diesem Moment nahm ich einen unerträglichen Gestank wahr. Er war so schlimm, dass ich das Gefühl hatte, gleich meinen ganzen Mageninhalt erbrechen zu müssen. Würgend und taumelnd stürzte ich aus dem Zimmer. Ich wäre gern geflüchtet, wenn es möglich gewesen wäre. Ich wusste aber, dass ich es nicht konnte. Die Musik klebte wie Sonnentau an meinem Geist. Eine wilde Strömung riss den Damm und drängte heran, um ein Haus zu überschwemmen, das dagestanden hatte wie gemalt.

Nachwort

I

Lee Sung-U wurde 1959 in Jangheung in Koreas südwestlicher Provinz Chollanamdo geboren und kam mit 14 Jahren in die Hauptstadt Seoul, wo er 1983 sein Theologiestudium beendete. Schon zuvor, 1981, war er mit dem Roman „Ein Portrait von Erysichthon" an die Öffentlichkeit getreten. Wie viele andere koreanische Erzählwerke wurde auch dieser Band zuerst in einer literarischen Zeitschrift gedruckt; der mit dem Literaturpreis für junge Schriftsteller ausgezeichneten Publikation in Hanguk Munhak (Die koreanische Literatur) folgten bis heute in kurzen Abständen zahlreiche Romane und Erzählungsbände, aber auch drei Sammlungen mit Essays und eine mit Märchen für Kinder. Gegenwärtig lehrt Lee als Professor für Koreanistik an der Chosun-Universität in Kwangju, der Hauptstadt seiner Heimatprovinz. Auch in dieser Hinsicht weist er eine Gemeinsamkeit mit vielen seiner koreanischen Kollegen auf, die ihren Lebensunterhalt als Universitätsdozenten verdienen.

In mehreren Texten Lees überkreuzen sich die Gattungen Essay und Erzählung, auf die es sich in seinem bisherigen Gesamtwerk konzentriert hat: Reflexionen des Erzählers wie auch der Figuren lassen, in freilich überschaubaren Passagen, die Handlung zurücktreten. Zum Thema werden dabei immer wieder metaphysische Fragen: das Problem der eigenen Existenz und der Konstruktion einer Biographie, aber auch religiöse Gedanken. Einige, hier nicht übersetzte Erzählungen Lees zeigen seine Auseinandersetzung mit dem Christentum, mit dem er sich während seines Studiums intensiv zu beschäftigen hatte. Auf weniger direkte Weise sind Fragen von Schuld, Schuldgefühl und Bestrafung, von einem entfremdeten Dasein in einer gottlos gewordenen Welt, aber auch in anderen Werken präsent.

Vorliegende Auswahl ist aus drei Bänden zusammengestellt: „Vermutungen über das Labyrinth" (1994) ist neben der Titelgeschichte auch „Der Ministerpräsident stirbt nicht" entnommen. „Die Innenseite des Hauses" und „Ein Tag" stammen aus „Man weiß nicht, was man zu Hause hat" (2001), und „Ich werde sehr lange leben" gibt einem Band von 2002 den Titel.

II

Süd-Korea hat in den vergangenen vierzig Jahren eine außerordentlich schnelle Modernisierung erlebt. Nach dem Korea-Krieg (1950-1953) eines der ärmsten Länder der Welt, mit einer fast ausschließlich bäuerlichen Bevölkerung, vollzog sich von etwa 1960 an ein rascher Aufstieg. Lee, obgleich erst Mitte 40, hat also einen Wandel erlebt, für den Europa ein Jahrhundert brauchte. Diese Entwicklung brachte nicht allein steigenden Wohlstand für immer größere Teile der Bevölkerung, rapide Verstädterung und damit zuletzt ein Mehr an individuellen Freiheiten. Erkauft wurde der Fortschritt über Jahrzehnte hinweg mit katastrophalen Arbeitsbedingungen und einer Militärdiktatur, die von dem Putsch des Generals Park Chung-Hee 1961 bis in die neunziger Jahre hinein jede Opposition gewaltsam unterdrückte, erkauft wird der Fortschritt auch mit zunehmender Vereinzelung, die in Lee Sung-Us Erzählungen mehrfach ihre Widerspiegelung findet.

Obwohl sich Lee, im Unterschied zu vielen anderen koreanischen Erzählern, stofflich vor allem der Gegenwart zuwendet, spielen politische Konflikte in seinem Werk nur eine nebensächliche Rolle. Lee setzt sich damit von einer Generation älterer Autoren wie Hwang Seok-Young oder Kim Chi-Hwa ab, die ihrem Schreiben eine bewusst in die sozialen Auseinandersetzungen eingreifende Funktion zuschrieben. Gleichzeitig ist er nicht umstandslos jüngeren Schriftstellern wie Shin Kyoung-Sook oder Eun He-Kyoung zuzurechnen, die sich auf die Schilderung privaten Lebens konzentrieren. Lee Sung-U reflektiert seine Distanz von der Politik in zwei Schriftstellerfiguren, die sicher nicht mit ihm gleichgesetzt werden können, deren Haltung jedoch deutliche Parallelen zu der seinen aufweisen.

Im Roman „Die Rückseite des Lebens" (1992, deutsch 1996) versucht ein Journalist, die Entwicklung der Hauptfigur Park Bugil zum Schriftsteller zu rekonstruieren. Park studiert, wie Lee Sung-U, christliche Theologie, wenn auch weniger aus religiöser Überzeugung denn aus Liebe zu einer Frau, die nur einen Pfarrer heiraten will. Im theologischen Seminar muss sich Park gegen zwei Gruppen abgrenzen. Den Gläubigen, die Theologie als Selbstzweck und Dienst an Gott betreiben, kann er, der ohne religiöse Überzeugung halbbewusst ein sehr weltliches Ziel anstrebt, nicht folgen. Aber auch die Befreiungstheologen, für die die Religion ein Mittel zum politischen Fortschritt ist, vermögen ihn nicht zu überzeugen: „'Politik?' fragte ich. 'Das ist für mich die Bezeichnung für Schlamm, das ist ein Zustand, in dem jeder jeden mit Schmutz bewirft. Verlangt so etwas nicht von mir!'"

Das aber ist nun keine Aussage Lee Sung-Us, sondern es ist die Aussage eines Ich-Erzählers, den der von Lee erfundene Schriftsteller Park erfindet. Unmittelbar wörtlich ist es nicht zu nehmen. Die Politik jedenfalls befasst sich durchaus mit Park Bugil, zwingt ihn in einen dreijährigen Militärdienst, der in der Handlungszeit um 1970 in seiner Härte den Belastungen des deutschen Wehrdiensts weit übertrifft und den Park wohl nur aufgrund der Fürsorge eines Militärgeistlichen übersteht. Kritische Anmerkungen des Erzählers zur Präsidentschaft Park Chung-Hees verdeutlichen die Aussage.

Abstrakter ist die Konstellation in einer der hier ausgewählten Erzählungen aufgenommen. Die Laufbahn des verehrten und schließlich gefürchteten Ministerpräsidenten in „Der Ministerpräsident stirbt nicht" erinnern jeden koreanischen Leser an die Laufbahn des Generals und Präsidenten Park Chung-Hee, der ebenfalls zuweilen seine Führung gewaltsam erzwang, teils, anders freilich als in der Erzählung, auch in den ersten Jahren seiner Regierung sich nicht ohne Druck wählen ließ. Park Chung-Hee wurde 1979 vom Chef eines seiner Geheimdienste erschossen; ein Motiv, das Lee Sung-U aufgreift, ohne das klar wird, ob und wann sein Ministerpräsident tatsächlich ermordet wurde.

Fokus Lees sind ein auktorialer Erzähler, der nicht ohne Distanz auf seine Hauptfigur blickt, den auf seine Initialen reduzierten Schriftsteller K.M.S., und K.M.S. selbst, von dem die Kritik meint, seine Werke zeichneten sich „durch einen phantastischen Realismus" und eine „ernsthafte Erforschung unrealistischer Welten" aus. K.M.S. imaginiert, dass der Ministerpräsident, der scheinbar allmächtig gewaltsam das Land beherrscht, in Wirklichkeit nur ein Schauspieler sei, eine Marionette in den Händen jener Machthaber, die vor Jahren den echten, gütigen Ministerpräsidenten ermordet hätten und nun seinen Namen benützten. Vom Machtgefühl des literarischen Schöpfers erfüllt, zeigt K.M.S. dem ihm befreundeten Lektor mal politische Neugierde, mal spielt er die Rolle des Ästheten, der nur das gesellschaftliche Material benutzt. Aber während er noch so seine Macht genießt, ist ihm schon der allmächtige Geheimdienst auf der Spur. K.M.S. wird verhaftet und verhört. Er muss erleben, wie sein Freund und wie seine Geliebte ihn verleugnen. Weder er noch die Leser erfahren, ob seine Vermutung stimmt, der Ministerpräsident sei durch einen Schauspieler ersetzt. Es zählt und ist am Ende unzweifelhaft, dass die Macht, wessen auch immer, ihn zu töten befiehlt. Die Imagination vermag nichts gegen die Macht des Befehls, der brutal am Ende der Erzählung steht.

Doch in der Anlage des Texts schlägt sich Lee, nicht ohne Paradoxien, auf die Seite des Verlierers. Während die Traumnotate des Autors K.M.S. in einer überraschend nüchternen, einer begrifflich klaren Sprache gehalten sind, leistet sich der Erzähler verblüffende Widersprüche: So heißt es gleich anfangs über den Ministerpräsidenten, er sei „im Schlaf ruhig gestorben", aber auch, er habe sich „bis zum letzten Moment um die Zukunft des Landes gekümmert" und habe deswegen „seine Augen nicht schließen können, nachdem er schon aufgehört habe zu atmen". Die tyrannische Phase seiner Herrschaft wird einmal von der Bevölkerung akzeptiert, weil die „Erwartungen" und das „Vertrauen" so groß sind, und gleich darauf, weil Berichte von Folterungen die Bevölkerung einschüchtern. Selten so klar wie in diesem Text, durchziehen Unstimmigkeiten die hier versammelten Erzählungen. In Lee Sung-Us Phantastik geht es nicht um eine in sich stimmige Welt, sondern darum, verschiedene Vorstellungen auf manchmal engem Raum hervorzurufen: die des friedlichen Tods im Schlaf wie die des Todes im harmonischen Kreis des Familie und der Vertrauten; den des sowohl geliebten als auch gefürchteten Herrschers. Die konkreten Details stehen gegeneinander, derart, dass eine konkrete Wahrnehmung des Ganzen verschwimmt. Die Grenze von Nachlässigkeit und ästhetischem Kalkül ist dabei schwer zu bestimmen.

III

Bei „Vermutungen" bleibt es auch in der anderen Erzählung von 1994. Lee wählt hier die ungewöhnliche Form eines fiktiven Vorworts – den Roman von Jean Delluc, den der Erzähler in einem Pariser Antiquariat behauptet gefunden zu haben, gab es tatsächlich nie. So muss Lee das Genre Vorwort bis an seine äußerste Grenze dehnen und den Inhalt des Romans bereits ausplaudern, wofür denn auch sein Erzähler sich wortreich entschuldigt.

Die „Vermutungen über das Labyrinth" betreffen einen europäischen Mythos, nämlich das kretische Labyrinth im Palast von Knossos. Freilich enttäuscht Lee westliche Erwartungen, welchen exotischen Blick ein koreanischer Autor auf die Erzählungen vom Minotaurus, von Pasiphaë, Daedalus, Ariadne und Theseus werfen mag. Er gibt zwar gleich vier Perspektiven auf die mythische Vergangenheit, doch ist keine von ihnen ethnisch bestimmt. Vielmehr sind es die Repräsentanten von vier Berufen, die, eingeschneit, sich eine Nacht hindurch mit Erzählungen die Zeit vertreiben. Ein Architekt, ein Jurist, ein Religionswissenschaftler und ein Schauspieler entwickeln denn auch arbeitsbedingt verschiedene Antworten auf die Frage, zu welchem Zweck das rätselhafte Labyrinth gebaut wurde.

Im Juristen, der eine politische Erklärung versucht, und in den religionshistorischen Erklärungen sind noch die Positionen angedeutet, denen sich der werdende Schriftsteller Park Bugil in „Die Rückseite des Lebens" gegenüber sah. Auch gibt es Hinweise, dass sich der fiktive Herausgeber des fiktiven Romans dem Schauspieler am nächsten fühlt; seine Version jedenfalls schildert er besonders ausführlich. Auch ist der eigentlich genrebedingt sachlich-nüchtern gehaltene Text von einigen leicht variierten Formeln durchzogen, die ihm stellenweise etwas Rituelles verleihen. Doch gibt es hier keine eindeutige Auflösung und trägt sogar der Verweis auf neue archäologische Erkenntnisse, die dann dem Leser doch vorenthalten werden, dazu bei, die Spekulationen der vier Erzähler, die als Protagonisten eines fiktiven Romans gleich zweifach fiktionalisiert sind, zu unterminieren.

IV

Park Bugil erschien dem Leser als kaum zu sozialisierender Sonderling; der Schriftsteller K.M.S. entzieht sich gleichfalls moralischen wie kommunikativen Konventionen; die vier Personen, die das Labyrinth zu rekonstruieren versuchen, sind durch Naturgewalt von der Umwelt isoliert und auf das Erzählen verwiesen, das ein Herausgeber ohne große Hoffnung auf Resonanz zusammenfasst. In den beiden Erzählungen von 2001 nun gibt es stimmigere, farbenreichere Welten. Die nüchterne Sprache, die den „Ministerpräsidenten" als außergewöhnlich kalte Phantastik erscheinen lässt und durch die Vorwort-Parodie des Labyrinths begründet ist, tritt in „Ein Tag" und besonders „Die Innenseite des Hauses" zurück. Die reichere Metaphorik dient freilich dazu, die hoffnungslose soziale Stellung der Protagonisten um so deutlicher hervorzuheben und eindeutige Auflösungen zu verweigern.

In „Ein Tag" ist es wieder eine übergeordnete Macht, die ins Leben der Menschen eingreift. Nun aber geht es nicht mehr um die Staatsführung, sondern um einen bürokratischen Akt, der wie alltäglich wirkt: Zwei Beamte bringen einen verdreckten alten Mann bei einer Hausfrau vorbei und nötigen sie, ihn als Onkel ihres Mannes anzuerkennen und ihn aufzunehmen. Geschildert wird dann, wie der Alte, mit dem jede Kommunikation unmöglich ist, die oberflächlich geregelte Lebensordnung der Frau aus den Angeln hebt. Durch ihn brechen Schmutz und verdrängte Sexualität in den Alltag ein; schwerwiegender aber ist, dass die Frau erkennen muss, wie wenig sie in ihren sozialen Bezügen geborgen ist. Ihr Mann ist nicht erreichbar, für ihre Bekannten wird sie zum Objekt therapeutischer Neugierde oder einfach zum Anlass für Ekel und Abscheu. Wichtiger als gegenseitige Unterstützung ist der Anspruch, das Gesicht zu wahren – ein Anspruch, der angesichts der Handlungen des unberechenbaren Alten und der allseitigen Missgunst keine Aussicht auf Verwirklichung hat. Sprache hier bewirkt keine Kommunikation, sondern ist ein Mittel zum Geschwätz und dazu, den anderen zu demütigen.

Ebenso wichtig ist aber, dass die Frau die Fragwürdigkeit ihres eigenen Verhaltens erkennen muss. In dieser Hinsicht steht Lees Erzählung Werken Kafkas nahe, von denen er eines hier zitiert. Der Satz: „Man weiß nicht, was für Dinge man im eigenen Haus vorrätig hat", einer hämischen Bekannten der Frau in den Mund gelegt, zitiert Kafkas „Ein Landarzt" und bildet gleichzeitig den Titel der Sammlung, der der Text entnommen ist. Manche von Kafkas Figuren, die sich einer übermächtigen Verfolgung ausgesetzt sehen, fragen wie etwa Josef K. im „Prozeß", ob nicht doch eine ungreifbare und um so schwerwiegendere eigene Schuld da ist. Ebenso gerät das zuvor sorgsam abgeschirmte Selbstbild der Frau ins Wanken. Während die zuvor sauber gehaltene Wohnung mit den Ausscheidungen des Alten beschmutzt wird, vermeint auch sie zu erkennen, dass in der früheren überheblichen Distanz zu ihren Nächsten eine Schuld liegt.

Wie in „Ein Tag", so sind auch in „Die Innenseite des Hauses" die Vorgänge nicht stimmig aufzulösen; mit einer demonstrativen Lässigkeit behandelt Lee sogar die Topographie des motivisch zentralen Stausees, die die abschließende Überschwemmung keineswegs ermöglichen würde. Der Ich-Erzähler, ein Makler, hat einer alleinstehenden Frau ein abgelegenes Haus an jenem See vermittelt. Mehrfach wird er danach ins Haus gerufen, mit der Begründung, es stinke dort. Der Grund für den Gestank kann jedoch nicht eindeutig ermittelt werden. Erotisch von der Frau angezogen, von ihrem in seinen Augen exzentrischen Verhalten jedoch abgestoßen, zeigt der Makler von Beginn an eine höchst ambivalente Beziehung zu seiner attraktiven Kundin. Der Verlauf endet in einer Katastrophe, in der die Frau zu Tode kommt und das Haus zerstört wird, die jedoch in ihrem Verlauf wie in ihrer Ursache nie eindeutig aufgeklärt wird.

Das ist wohlbegründet, denn die äußere Szenerie ist nicht Selbstzweck. Sie hat dem inneren Vorgang zu dienen; der subtilen Anziehung und Abstoßung vom Erzähler und der Frau, von der beiderseitigen Angst, zu viel über sich zu verraten oder sich blamiert zu haben. Schuldgefühle belasten hier alles; die Frau, immerhin, legt offen Rechenschaft über die ihren ab, was sie vielleicht dennoch nicht davor bewahrt, sich als stinkend wahrzunehmen. Der Erzähler hingegen, verheiratet und doch wider Willen von dieser Frau fasziniert, ist in seiner unendlichen Mittelmäßigkeit ideales Medium für eine Anlage, die die Kausalitäten der Ereignisse im Halbdunkel lässt.

Dieses Ich ist sich seiner Mängel nur allzu deutlich bewusst. Von sich selbst sagt der Erzähler, er sei ein „kleinmütiger, ängstlicher Kerl". Die Sprachproblematik ist hier gegenüber „Ein Tag" radikalisiert: Nicht allein als Instrument der Demütigung verhindert die Sprache Kommunikation. Das Ich reflektiert, wie sich Sprache vom Gedanken löst, wie das automatisierte Sprechen jede Rücksicht auf ein Gegenüber zerschlägt: Öffnet der Erzähler der Mund, um auf ein Bekenntnis der Frau zu reagieren, dann folgt so ungewollt wie sicher die kränkendste Platitüde, die gerade greifbar ist. Gerade in solchen Momenten zeigt sich die Übertragbarkeit der Literatur Lee Sung-Us, die sie jenseits ethnographischer Interessen erst für den deutschen Leser wertvoll werden lässt: Die stets verfügbare Floskel, die eine angemessene Reaktion auf ein konkret geäußertes Problem verstellt, regiert sicher auch im Deutschen.

V

Die Metaphorik von Innen und Außen in „Die Innenseite des Hauses" sperrt sich eindeutiger Auflösung. Lee greift die Bildlichkeit in der jüngsten Erzählung auf, die auf den ersten Blick eine konkretere gesellschaftliche Grundlage zu haben scheint. In „Ich werde sehr lange leben" geht es um einen Unternehmer, dessen Firma in der koreanischen Wirtschaftskrise von 1997 untergeht. Diese Krise ist für Süd-Korea nicht irgendein beliebiges Konjunkturtief, sondern ein wesentlicher Einschnitt, der bis heute bewusstseinsverändernd wirkt. Zum einen zerbrach sie, darin der westdeutschen Rezession von 1966/67 vergleichbar, die in erfolgreichen Jahrzehnten befestigte Zuversicht, es werde ökonomisch stets voran gehen. Zum anderen brachte sie einen raschen Verfall der koreanischen Währung mit sich, der zwar durch eine Intervention des IWF aufgefangen werden konnte; doch war diese Intervention mit harten Auflagen verbunden, die entgegen jedem Nationalstolz die Abhängigkeit des Landes von einer globalisierten Weltwirtschaft verdeutlichte. Globalisierung hat deshalb noch heute bis in die gesellschaftlichen Eliten hinein den negativen Beiklang, der in Deutschland konsequent verdrängt wurde.

All das interessiert Lee Sung-U nur am Rande. Die Wirtschaftskrise ist für ihn nur Anlass, den Zusammenbruch eines bis dahin erfolgreichen Individuums zu beschreiben. Die Hauptfigur, die sich schließlich ein sargartiges Gebilde zimmert, um darin das weitere Leben zu verbringen, verweigert sich freilich anders als die meisten Koreaner nach 1997 einem Neubeginn. Indem er die Perspektiven, die ihm durchaus geboten werden, radikal verneint, ist er ein konsequenterer Nachfahr des Schriftstellers K.M.S., der auch sich dem politischen

Diskurs entzog, dem er dann doch zum Opfer fiel. Dem ehemaligen Unternehmer gelingt es freilich, seine Person wieder zu stabilisieren. Indem seine neue Existenz ohne jeden praktischen Nutzen ist und er auch den permanenten Aufforderungen, gute Laune zu zeigen, nicht Folge leistet, ist diese Lösung gleichzeitig ein Einspruch gegen Liberalisierung und Kapitalisierung, wie sie seit 1997 in Süd-Korea sich verstärkt durchsetzen.

Die Form ist hier avancierter als in den früheren Erzählungen. Der Wechsel von Ich- und Er-Perspektive verhindert jede Einfühlung. Indem nicht Innen und Außen unterschieden sind, sondern gerade das Innere sich als das Äußere erweist, ist zum einen dieser Wechsel begründet. Gerade den Durchbruch zur Innenwelt stellt auch der Erzähler als Eroberung des Außen dar. Damit entsteht zum anderen das Bild einer Persönlichkeit, die nach traditionellen psychologischen Kriterien als schwer gestört gewertet werden müsste – die Umwelt wertet tatsächlich so – deren Störung jedoch gerade ein Überleben ermöglicht, nachdem außerordentliche Demütigungen das gesellschaftlich akzeptierte Ich zerstört haben.

Paradoxerweise ist es jedoch kein bloßes Es, das nach Abspaltung aller Reflexion vor sich hin zu vegetieren vermag. Das Besondere ist hier, wie mit der Verweigerung des Konstruktiven durchaus eine Ich-Werdung im Sinne der Psychoanalyse einherzugehen vermag. Dem Unternehmer gelingt ein Rückgriff auf individuelle Geschichte, die allen bisherigen Protagonisten fehlte. K.M.S. war ohne Familie, ein Ehebrecher, den zuletzt auch der Freund und die Geliebte verrieten; die vier Eingeschneiten, die das Labyrinth zu erklären versuchten, waren bloße Repräsentanten ihrer Berufe; der Frau in „Ein Tag" entgleiten ihre Freundschaften wie auch ihre Ehe wie auch ihre Arbeit, alle sozialen Verankerungen also; der Makler in der „Innenseite des Hauses" ist zwar verheiratet, doch erwähnt er seine Frau nur kurz, ist er erotischer Verlockung durchaus zugänglich, der Verlockung durch eine Frau, die ihrerseits mit dem Tod ihres Mannes jeden Halt verloren hat. Die konfuzianistisch geprägte Fixierung auf die Familie bleibt wirksam, doch nur in Form von Gewissensqualen. So sind alle diese Figuren Denkmäler der Entwurzelung. Ganz anders aber gewinnt der ehemalige Unternehmer Identität durch die Vergegenwärtigung seiner Familiengeschichte, die zugleich eine Unheilsgeschichte ist. Sein Innen ist ein Fluchtraum vor dem schwachen, gewalttätigen Patriarchen. Hier bewegt sich Lee im Kontext eines Großteils der koreanischen Literatur, die den schwachen oder den abwesenden Vater zum Thema hat.

VI

Die Sprache Lees ist über weite Strecken nüchtern, sachlich, begrifflich. In den früheren Texten isoliert, später häufiger, verwendet er auch eine Metaphorik, die vielfach ungewohnt wirkt und deren gleichwohl vorhandene Logik nicht unmittelbar einleuchtet. Das Verhältnis von Innen und Außen in „Die Innenseite des Hauses" und „Ich werde sehr lange leben" ist dafür ein Beispiel; ein anderes ist die Beschreibung von Gefühlen der Bedrohung, etwa die Vorahnungen der Frau in „Ich werde sehr lange leben", bevor sie ihren Mann im Sarg entdeckt. Prinzip der Übersetzung war, sowohl das zuweilen Karge als auch das spezifische, manchmal für den deutschen Leser zunächst wenig Anschauliche der Metaphorik zu bewahren.

Erhalten blieben auch Anreden und Bezeichnungen für Verwandtschaftsverhältnisse, die im Deutschen befremdlich klingen mögen: das Siezen als noch bestmögliche Übermittlung der koreanischen Anrede für ältere Familienmitglieder in „Ich werde sehr lange leben", die nach deutschem Urteil wohl überflüssig genaue Bezeichnung des Alten als „jüngerer Onkel" des Ehemanns in „Ein Tag", die im Koreanischen Rangverhältnisse impliziert.

Die koreanische Erzählweise ist äußerst tolerant gegenüber Wiederholungen, zum Teil wortgleichen Aufnahmen, die nicht einer verdichteten Motivstruktur dienen, sondern lediglich Erinnerungsstütze sind. Auch dies wurde weithin bewahrt, doch wurden mit Einverständnis des Autors wörtliche Wiederholungen behutsam gekürzt, wo sie deutschen Lesern als ärgerliche Redundanzen erschienen wären. Der sehr freizügige koreanische Tempusgebrauch wurde, um Irritationen zu vermeiden, den in diesem Punkt strengeren logischen Anforderungen im Deutschen angepasst.

Kai Köhler

EDITION MODERNE KOREANISCHE AUTOREN

YI Munyol

Der entstellte Held

Roman
Aus dem Koreanischen von
Heidi Kang und KIM Hiyoul
128 Seiten
Festeinband
Euro 12,80
SFr 23,40
ISBN 3-929096-73-0

Om Sokdae, der Sprecher einer fünften Klasse einer Grundschule, tyrannisiert die Klasse mit eiserner Faust. Er ist ein durchtriebener Kerl, der seine Kameraden zu willenloser Unterwerfung zwingt und sie zu kriecherischen Duckmäusern degradiert. Er schlägt sie, nimmt ihnen Geld weg, nutzt sie aus, um bei Arbeiten zu mogeln, treibt „Abgaben" ein, verkauft Vergünstigungen und läßt sich wie ein König behandeln. Ein neuer Schüler nimmt den Kampf gegen Sokdaes Diktatur auf, wird aber in die völlige Isolation getrieben und muß sich schließlich geschlagen geben. Nach seiner Kapitulation entdeckt er jedoch eine neue Seite der korrupten Herrschaft und beginnt, die Privilegien und die Teilhabe an der Macht zu genießen.
Nachdem Sokdae fort ist, beginnt eine Phase des Umbruchs, die in der Wiederherstellung demokratischer Verhältnisse mündet.
YI Munyol wurde 1948 geboren und gehört zu den bedeutendsten koreanischen Schriftstellern. Er wurde mit zahlreichen Preisen ausgezeichnet. In „Der entstellte Held" zeichnet er ein Psychogramm der Macht auf und beschreibt damit ein Thema von universeller Gültigkeit.

EDITION MODERNE KOREANISCHE AUTOREN

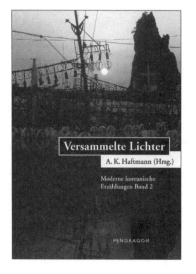

A.K. Haftmann (Hg.)

Versammelte Lichter

Moderne koreanische
Erzählungen Band 2

Mit einem Nachwort
von Dorothea Hoppmann
208 Seiten, Festeinband
Euro 15,40/SFr 33,50
ISBN 3-934872-34-4

Literatur spielt im Leben der Koreaner eine wichtige Rolle. Die großen
Buchhandlungen in Seoul sind überaus beliebte Treffpunkte, den ganzen
Tag überfüllt mit Menschen, die Bücher lesen und kaufen. Kaum einer
fährt mit der U-Bahn, ohne ein Buch dabei zu haben. Bekannte Schriftsteller sind populär wie Fernsehstars, unter ihnen viele Autorinnen, die in
der koreanischen Nachkriegsliteratur eine herausragende Rolle spielen.
„Versammelte Lichter" – diese neun Kurzgeschichten zeigen uns ein Korea
jenseits von Samsung und Hyundai und der noch bestehenden Teilung des
Landes. Und so wie Korea heute ein Land ist, in dem Tradition und Moderne ganz eng nebeneinander liegen, so mischt sich auch immer wieder das
alte Korea und das typisch Koreanische ein, dessen Eigentümlichkeiten
unser Interesse wecken und dessen Stimmungen uns auch dann noch lange
erfüllen, wenn wir diesen Band schon längst aus der Hand gelegt haben.
Mit Erzählungen von Jo Kyung Ran, Sin Kyongsuk, Ch'oe Yun, Song
Yong, Lim Chul-Woo, Hwang Sunwon, Oh Jung-Hee und Cho Sehui.